कलाम का बचपन

डॉ. ए.पी.जे. अब्दुल कलाम जाने-माने वैज्ञानिकों में से थे; परंतु वे एक व्यक्ति, भारत के राष्ट्रपति तथा एक अध्यापक के रूप में और भी अधिक उल्लेखनीय रहे हैं। वे अपने शब्दों और कर्मों से लोगों को इस तरह मंत्रमुग्ध करते आए थे कि सबके प्रिय पात्र बन गए। उनके महान् व्यक्तित्व को जितना सराहा जाता है, शायद ही कोई और ऐसा व्यक्तित्व होगा, जिसे इतना स्नेह और प्रशंसा मिली होगी।

यह पुस्तक उनके प्रेरक व्यक्तित्व के प्रति श्रद्धासुमन स्वरूप समर्पित है। इसमें उनके बाल्यकाल और युवावस्था से जुड़े अनेक रोचक व प्रेरक प्रसंग प्रस्तुत हैं, जिनमें से अनेक बिल्कुल अनजाने हैं और इन्होंने उनके महान् व्यक्तित्व को गढ़ने में सहायता की।

इस पुस्तक में दिए चित्रों के माध्यम से पाठक उनके जीवन और कार्यों का जीवंत अनुभव पा सकते हैं। इन प्रसंगों को जिस तरह पुस्तक के आकार में पिरोया है, वह निश्चित रूप से सबके लिए प्रेरणादायी है।

डॉ. कलाम के प्रेरणाप्रद यशस्वी जीवन का दिग्दर्शन कराती अत्यंत पठनीय पुस्तक।

सृजन पाल सिंह ने इंडियन इंस्टीट्यूट ऑफ मैनेजमेंट, अहमदाबाद से अध्ययन किया और सभी क्षेत्रों में सर्वश्रेष्ठ विद्यार्थी के रूप में स्वर्ण-पदक जीता। वे स्टुडेंट काउंसिल के प्रमुख रहे। उन्होंने नवीनतम प्रौद्योगिकी का इस्तेमाल करते हुए पारदर्शी सार्वजनिक वितरण प्रणाली स्थापित करने के लिए नक्सल प्रभावित क्षेत्र में बोस्टन कंसल्टिंग ग्रुप (बीसीजी) में कार्य किया। उन्हें स्विट्ज़रलैंड में आयोजित सेंट गैलेन सिंपोजियम में 'ग्लोबल लीडर्स ऑफ टुमारो' के लिए नामित किया गया। उन्होंने भारत के ग्रामीण क्षेत्रों की यात्राएँ की हैं तथा सतत विकास प्रणालियों के अध्ययन और विकास के लिए अंतरराष्ट्रीय स्तर पर किए गए अनेक महत्त्वपूर्ण कार्यकलापों में भाग लिया है। प्रतिष्ठित पत्र-पत्रिकाओं में विकास की अवधारणाओं पर उनके अनेक लेख प्रकाशित हुए हैं।

facebook.com/SrijanPalSingh

कलाम का बचपन

सृजन पाल सिंह

प्रभात
पेपरबैक्स
www.prabhatbooks.com

प्रकाशक

प्रभात पेपरबैक्स

4/19 आसफ अली रोड, नई दिल्ली–110002

फोन : 23289555 • 23289666 • 23289777 ❖ फैक्स : 23253233

इ–मेल : prabhatbooks@gmail.com ❖ वेब ठिकाना : www.prabhatbooks.com

संस्करण

प्रथम, 2017

अनुवाद

सुश्री रचना भोला 'यामिनी'

अ.मा.पु.स. 978-93-5186-960-3

KALAM KA BACHAPAN

by Srijan Pal Singh

Published by **PRABHAT PAPERBACKS**

4/19 Asaf Ali Road, New Delhi-110002

ISBN 978-93-5186-960-3

भारतीय संस्कृति और सभ्यता के
शाश्वत मूल्यों को समर्पित,
जिन्होंने अनवरत हर भारतीय बालक को
सत्य, निष्ठा और आशावाद की शक्ति का
पाठ पढ़ाया है।

लेखकीय

महानता संयोगवश नहीं मिलती।

महानता एक गुण है, जिसको जीवन भर सीखने और कड़ी मेहनत से तराशा और निखारा जाता है। महान् मनुष्य तब बनते हैं, जब एक जिज्ञासु मन का मिलन जीवन को चुनौती देनेवाली सीखों से होता है और अकसर ऐसा बचपन में होता है। जिस प्रकार किसी वृक्ष की प्रकृति और उसका गुण उसके बीज और बीज को बोए जाने के तरीके निर्धारित होते हैं, उसकी प्रकार किसी मनुष्य जीवन के मूल्य का निर्धारण बचपन के शुरुआती चरण में ही हो जाता है।

अकसर बच्चे जैसे-जैसे बड़े होते हैं, वैसे-वैसे जीवन की ऐसी शिक्षा उन मूल्यों का रूप ले लेती है, जो उनके बड़े होने पर किए जानेवाले कार्यों और उनके फैसलों की सीमा तय करती है।

हम सब जानते हैं कि डॉ. कलाम एक प्रख्यात शिक्षक, एक उत्कृष्ट राष्ट्रपति, एक अद्वितीय वैज्ञानिक, एक प्रतिभावान रॉकेट साइंटिस्ट, एक टीम मैन, एक संस्थान निर्माता और नैतिकता तथा ईमानदारी के प्रतिरूप थे। लेकिन 'लिटिल कलाम' के शुरुआती दिनों के परदे के पीछे क्या चलता था, जिसने धीरे-धीरे लेकिन ठोस रूप में कलाम को एक ऐसी हस्ती बनाया, जिसे हम याद करते हैं और जिसकी प्रशंसा करते हैं।

यह पुस्तक आपको कलाम के बचपन के 'लिटिल कलाम' वाले शुरुआती दिनों में ले जाना चाहती है, जब रामेश्वरम् की रेत में उन्होंने अपने पहले कदम बढ़ाए, जो एक दिन राष्ट्रपति भवन तक के मार्च में बदल गए।

—सृजन पाल सिंह

पहले पृष्ठ पर

देने का साहस
सबसे अलग सोचने का साहस,
कुछ नया रचने का साहस,
असंभव की खोज का साहस,
नए रास्तों पर चलने का साहस,
ज्ञान बाँटने का साहस,
पीड़ा से मुक्त करने का साहस,
अज्ञात तक पहुँचने का साहस,
समस्याओं से जूझने का साहस,
और सफल होने का साहस।
यही तो युवाओं की अनूठी विशेषताएँ हैं।
मेरे देश के युवाओ!

मैं पूरे साहस के साथ कार्य करूँगा, ताकि अपने सारे मिशनों में सफलता हासिल कर सकूँ।

—डॉ. ए.पी.जे. अब्दुल कलाम

अनुक्रम

नन्हे कलाम का जन्म

उस दिन आशियम्मा और जैनुलाबदीन बहुत प्रसन्न थे। वह 15 अक्तूबर, 1931 का दिन था। माँ अपने नवजात शिशु के साथ कमरे में लेटी थीं, जैनुलाबदीन बाहर आँगन में थे। उन्होंने अपने घर में एक सुंदर और स्वस्थ पुत्र के जन्म के लिए अल्लाह का शुक्रिया अदा किया। आसमान की ओर देखते हुए उनकी निगाह रामनाथ स्वामी मंदिर के ऊँचे बुर्ज पर जा टिकी। सूर्य की किरणों से जगमग करती धातु की मंदिर संरचना इस तरह प्रकाशित हो रही थी मानो उन्हें प्रतिभाशाली और होनहार संतान पाने का वर दे रही हो।

"अल्लाह करे! उसका नाम इन किरणों की तरह ही हर जगह रोशन हो।" जैनुलाबदीन ने मन-ही-मन दुआ की।

तभी उन्हें दोपहर की नमाज पढ़ने के लिए अजान सुनाई दी और इसके तुरंत बाद ही मंदिर से आते घंटों का स्वर गूँज उठा। इन सभी स्वर्गीय संकेतों के साथ उस दिन प्रसन्नतापूर्ण अवसर की आभा दिव्य हो उठी।

□

ठुमकती चाल

नन्हे कलाम का जन्म जहाँ हुआ, वह स्थान धर्म के किसी भी भेदभाव से परे था। भले ही भारत का संविधान अभी बना नहीं था, परंतु वहाँ उसी भावना को बल मिलता था। सभी धर्म आपस में समान थे और उनका पालन करनेवाले आपस में भाईचारे से रहते थे। उस छोटे से द्वीप नगर में एक भव्य मंदिर, विशाल मसजिद और एक आलीशान गिरजाघर था। तीनों ही अपनी दिव्य तरंगें प्रवाहित करते थे। सभी धर्मों के लोग दूसरे धर्मों को पूरा मान-सम्मान देते। उनके आपसी मेल-जोल को हिंदू, मुसलिम या ईसाई होने से कोई अंतर नहीं पड़ता था। वे एक ही समाज का अंग थे और एक-दूसरे के प्रति अपनी जिम्मेदारी को अच्छी तरह समझते थे।

नन्हा कलाम तीन बरस का हो गया था। वह अकसर धूल भरे आँगन में अपने लड़खड़ाते कदमों से चलता और अकसर दहलीज पार करने की कोशिश करता।

अचानक एक दिन वह दहलीज पार करने की कोशिश में वहीं गिर पड़ा। बहुत से लोगों ने गिरे हुए बालक को देखा। कलाम गिरने से रोया नहीं और न ही उसने वहाँ से उठने की चेष्टा की। उसने यहाँ-वहाँ देखा कि क्या कोई उसकी मदद के लिए आ रहा था या नहीं! जब उसने मुख उठाया तो पाया कि उसे उठाने के लिए केवल एक जोड़ी नहीं बल्कि तीन-तीन जोड़ी हाथ आगे आ गए थे।

नन्हे कलाम की आँखें चमक उठीं। उसके नन्हे दाँत मोतियों की तरह चमक उठे। उसने कौतूहल के साथ ऊपर की ओर ताका। पहली जोड़ी हाथ उसके पिता जैनुलाबदीन के थे; दूसरी जोड़ी हाथ रामेश्वरम् के सबसे बड़े पुरोहित पक्षी लक्ष्मण शास्त्री के थे और तीसरी जोड़ी हाथ आदरणीय फादर बोडल के थे, जिन्होंने बालक को उठाया—"ओह मेरे बच्चे! कहीं चोट तो नहीं आई?"

तब तक कलाम अपने गिरने के बारे में भूल चुका था। उसने सड़क पर भगवा वस्त्रों में जा रहे तीर्थयात्रियों की ओर संकेत किया।

"वे सब ईश्वर की खोज में जा रहे हैं।" फादर बोडल ने कहा।

नन्हे कलाम ने इस तरह मुसकान बिखेरी मानो सब समझ आ गया हो।

ऐसे ही वातावरण और स्नेह से भरी निगरानी के बीच नन्हे कलाम का बचपन बीता।

□

नन्हा कलाम चला पाठशाला

नन्हा कलाम अब थोड़ा और बड़ा हो गया था। वह सुबह उठकर अरबी स्कूल में पढ़ने जाता। उसके पिता उसे हर तरह की शिक्षा देना चाहते थे, इसलिए उन्हें पंचायत के प्राथमिक स्कूल में भी भेजा जाता।

नन्हे कलाम बड़े होने लगे। जब भी अध्यापक कक्षा में कोई प्रश्न पूछते तो कलाम का हाथ सबसे पहले खड़ा दिखता। वे बहुत ही जिज्ञासु थे। वे कभी भी अपनी जिज्ञासा को शांत नहीं रख पाते थे। अकसर वे ऐसे-ऐसे प्रश्न पूछते, जो उनकी आयु के बच्चे नहीं पूछते थे। उन्होंने बहुत से विषय और भाषाओं का ज्ञान पाया, किंतु उन्हें विज्ञान बहुत ही रोचक लगता था। दरअसल, उनकी कक्षा के सारे बच्चों को विज्ञान से लगाव था। उनके अध्यापक बहुत ही रोचक तरीके से पढ़ाई करवाते थे। वे आसान शब्दों में कठिन विषयों को समझाते और अकसर अपने आस-पास के माहौल से उदाहरण दिया करते। इस तरह बच्चों के लिए विज्ञान के नियम और सिद्धांतों को समझना आसान हो जाता।

□

लंका का पुल

तीन विविध धर्मों से संबंध रखनेवाले साथी शहर के चौराहे पर साथ बैठे गप्पें लगा रहे थे। उनका ध्यान एक बालक पर लगा था, जो यहाँ-वहाँ से लाए पत्थर जोड़कर एक कतार में सजा रहा था। वह नन्हा कलाम था। उन तीनों ने उसे बड़ी दिलचस्पी से देखा।

"क्या कर रहे हो?" फादर बोडल ने पूछा।

"पुल बना रहा हूँ!" नन्हे कलाम ने दूसरी बार पुकारने पर कहा।

"कैसा पुल, बेटा?" पिता ने प्यार से पूछा।

नन्हा कलाम नहीं बता सका कि वह क्या चाहता था। वह मन-ही-मन शब्द खोज रहा था, पर कुछ कह नहीं पा रहा था। उसने अपना एक हाथ अपने पीछे रखा और दूसरा हाथ हवा में उठाकर कूदते हुए गोल-गोल चक्कर काटने लगा।

"यह कर क्या रहा है?" फादर समझ नहीं पा रहे थे।

"मैं देखता हूँ।" शास्त्री बोले। वे बालक के पास गए और झुककर पूछा, "हनुमान?"

बच्चे ने जोर-जोर से सिर हिलाया और अपना नाचना जारी रखा। दो ही दिन पहले शास्त्री ने कहानी सुनाई थी कि किस तरह हनुमान ने अपनी वानर सेना के साथ मिलकर समंदर के पार लंका जाने के लिए पुल बनाया था।

जब शास्त्री ने जैनुलाबदीन को पुल के बारे में बताया तो वे तीनों दिल खोलकर हँसे। □

स्नेही अध्यापक

कलाम को बहुत तेज बुखार था, इसलिए वे उस दिन पाठशाला नहीं जा सके। उन दिनों अध्यापक अपने छात्रों को अपने परिवार के सदस्यों जैसा ही मानते थे। इसलिए उनके अध्यापक मुत्थु अय्यर यह पता करने घर आ गए कि उनका छात्र पाठशाला क्यों नहीं आया था। उन्होंने कलाम की तबीयत का हाल देखा तो उसे आराम करने को कहा। वे जानते थे कि कलाम का हस्तलेख सुंदर नहीं था। वे उनके पिता के पास गए और उन्हें भरे हुए तीन पन्ने थमा दिए। वे चाहते थे कि कलाम सुंदर लिखाई लिखने का अभ्यास करे। उन्होंने कहा, ''आप यह ध्यान रखें कि बालक प्रतिदिन इसका अभ्यास करे।''

कलाम अपने अध्यापकों के आभारी थे, जिन्होंने उनमें बचपन से ही अच्छी आदतों की नींव डाली।

□

नाव का निर्माण

बहुत सारे हिंदू तीर्थयात्री रामेश्वरम् नगर आते थे, जिन्हें सागर लाँघने के लिए नाव की जरूरत होती थी। यह धंधा अच्छा फल रहा था, इसलिए जैनुलाबदीन ने तय किया कि वे एक बड़ी नाव तैयार करवाएँगे, जिसमें यात्रियों को बिठाकर धनुषकोडि ले जाया जा सकेगा। वे समंदर के किनारे एक नाव तैयार करने लगे। एक संबंधी अहमद जलालुद्दीन ने उन्हें इस काम में मदद की। नन्हे कलाम को समंदर के किनारे बन रही उस नाव को देखने का बड़ा चाव रहता था। वे बहुत ही गौर से देखते थे कि दो लोग किस तरह मिलकर एक बड़ी नाव बना रहे थे, जो हर बीतते दिन के साथ उचित आकार लेती जा रही थी। सबसे पहले नाव का ढाँचा तैयार होना था और फिर उसे पूरी तरह से फट्टों से ढाँपने का काम होना था।

एक दिन कलाम नाव देखने गए तो यह देखकर हैरान रह गए कि जलालुद्दीन मशाल की आग से नाव को जला रहे थे। कलाम सतर्क हो गए। उन्होंने देखा कि उनके अब्बा थोड़ी दूरी पर काम कर रहे थे और नाव की ओर उनकी पीठ थी।

'ओह! अब्बा का ध्यान दूसरी ओर है। यह इसी बात का फायदा उठा रहे हैं।' कलाम ने सोचा।

"रुको···रुको, ऐसा मत करो।" कलाम अपनी पूरी शक्ति के साथ चिल्लाए।

उनकी आवाज सुनकर अब्बा और जलालुद्दीन ने एक साथ उनकी ओर देखा। जलालुद्दीन हमेशा की तरह अपने विनीत और स्नेही स्वर में बोले, "क्या हुआ, कलाम?"

"आप क्या कर रहे हैं? आप नाव को जला रहे हैं?" कलाम उलझन में थे, क्योंकि अब्बा तो अब भी आराम से बैठे थे।

"अरे, वह...नहीं नहीं, मैं इसे जला नहीं रहा। मैं तो इसे मजबूत बना रहा हूँ।" जलालुद्दीन बोले।

उन्होंने बालक को अपने पास बुलाया और बताया कि इस तरह वह नाव कैसे मजबूत हो जाएगी। उन्होंने यह भी बताया कि नाव को इस तरह आग में पकाना जरूरी था, क्योंकि उसे लगातार समंदर के खारे पानी में रहना था।

यह नन्हे कलाम के लिए एक पाठ था। जलालुद्दीन ने उन्हें मुलायम, सख्त और लचीली लकड़ी में अंतर करना सिखाया।

शायद ऐसे ही पाठ बचपन में सीखने के बाद कलाम को आगे आनेवाले समय में बड़ी सैटेलाइट व मिसाइलों के हिस्से बनाने और उनके लिए माल चुनने में मुश्किल नहीं आई।

□

नाव से मिले सबक

नन्हे कलाम को अपनी व्यस्त दिनचर्या के बीच बहुत समय नहीं मिल पाता था। वे सुबह जल्दी उठ जाते थे। रोज जल्दी उठने के लिए उन्हें रात को जल्दी सोना भी पड़ता था। वे सुबह उठकर पहले मदरसे जाते और फिर अपनी पाठशाला में पढ़ने जाते। इसके बाद वे घर आकर खाना खाते और अपनी किताबें लेकर पढ़ने बैठ जाते। उन्हें अपनी आयु के बच्चों के साथ खेलना पसंद नहीं था। उन्हें बहुत छोटी आयु से ही किताबों से लगाव हो गया था। पर रविवार और दूसरे अवकाशों वाले दिन की बात अलग थी। उन दिनों उनके पास अपने तरीके से समय बिताने के लिए बहुत समय होता था और वे उसका बेहतर उपयोग करने की कोशिश करते।

यात्रियों को लाने व ले जानेवाली नाव तैयार हो चुकी थी। उनके पिता ने नाव को चलाने के लिए नाविक भी रख लिये थे। इस धंधे से उन्हें अच्छी आय होने लगी और परिवार के हालात सँभालने में मदद मिली। पूरे वर्ष बहुत भारी संख्या में तीर्थयात्री आते रहते थे, जिन्हें नौका सेवाओं की आवश्यकता होती थी। अकसर छुट्टीवाले दिन कलाम भी नाव पर सवार होने की ताक में रहते। वे अकसर नाव के किनारा छोड़ने तक तीर्थयात्रियों के बीच छिपे रहते। उन्हें डर रहता था कि कहीं पिता उन्हें साथ ले जाने से मना न कर दें। उन्हें सागर बहुत प्रिय था। समंदर में उड़ते पक्षी और लहरों का उतार-चढ़ाव उनके मन को बाँध लेता था। पर तीर्थयात्रियों की

आपसी बातचीत उन्हें सबसे अधिक मोहती थी। वे लोग अलग-अलग बोलियाँ बोलते, अलग सुर और लहजों में अंग्रेजी व हिंदी भाषा का प्रयोग करते। नन्हे कलाम को वह सब सुनने में विशेष आनंद आता। उन्हीं दिनों के दौरान उन्होंने देश और दुनिया में घट रही घटनाओं के बारे में जाना। वे न केवल राम व सीता की कथा और बुराई पर अच्छाई की जीत वाली पौराणिक कथाओं के बारे में जानते थे, बल्कि उन्हें देश के ताजा हालात के बारे में भी पता चलने लगा था। उन्हें उन दिनों देश में चल रहे स्वतंत्रता आंदोलन के बारे में पता चला। वे अकसर सोचते थे कि अंग्रेज भारतवासियों के साथ इतना बुरा बरताव क्यों करते थे!

ऐसे ही एक दौरे के दौरान उन्हें पता चला कि जापान ने चीन पर हमला कर दिया था और फिर से विश्व युद्ध छिड़ सकता था।

इन अनुभवों का उनके जीवन पर आजीवन असर रहा। कई बार नाव पर पूरी खामोशी छाई रहती। यह वह समय होता था, जब लहरें बहुत ही भयंकर और ऊँची होती थीं। नन्हे कलाम को भी कई बार उन लहरों को देख भय होने लगता था। वे समंदर को देखकर उसकी लय और ताल को समझने की कोशिश किया करते।

□

नन्हे कलाम ने सीखा उड़ान का सबक

कलाम को पक्षियों से बेहद लगाव था। पक्षी खुले आकाश में ऊँची उड़ान कैसे भर लेते थे, उन्हें उनका यही गुण विशेष रूप से प्रिय था। वे अकसर सोचा करते कि केवल पंख फड़फड़ाने से ही पक्षी आकाश में ऐसी उड़ान कैसे भर लेते हैं? उन्हें यह भी जानना था कि आसमान में जाने के बाद पक्षी पंख फड़फड़ाए बिना भी उड़ान कैसे भर पाते हैं?

अब वे दस साल के थे। वे अपनी कक्षा में थे और उस दिन पक्षियों के बारे में बताया जा रहा था। जब शिक्षक पक्षी के अंगों की जानकारी देने लगे तो कलाम से पूछे बिना न रहा गया, "पक्षी कैसे उड़ते हैं?"

उनके विज्ञान के टीचर शिव सुब्रह्मण्यम ने प्रशंसा भरी निगाहों से उन्हें देखा। वे ब्लैकबोर्ड पर पक्षी का चित्र बना चुके थे। वे बोले, "चलो, आज पहले तुम्हें पक्षी की उड़ान के बारे में बताते हैं।"

उन्होंने बहुत सावधानी से बताया कि किस तरह पंख, पूँछ, शरीर और सिर पक्षी को ऊपर-नीचे आने-जाने और उड़ान भरने में मदद करते हैं। साथ ही यह भी बताया कि वे एक साथ मिलकर क्यों उड़ते हैं।

नन्हे कलाम सहित सारे बच्चों को जानकारी रोचक लगी; परंतु वे

इसे समझ नहीं पा रहे थे।

शिक्षक का पीरियड समाप्त हुआ तो उन्होंने पूछा, "क्या तुम लोग उड़ान के बारे में समझ गए?"

बच्चे एक-दूसरे का मुँह ताकने लगे। कलाम ने हाथ खड़ा किया और बेहिचक अपने शिक्षक को बता दिया कि वे इस बारे में समझ नहीं पा रहे थे।

शिक्षक ने कहा, "कोई बात नहीं, मैं कल आकर इस बारे में फिर से बता दूँगा।"

अगले दिन शिव सुब्रह्मण्यम ने अपने बच्चों को नए सिरे से सब समझाया, पर उनके चेहरे बता रहे थे कि वे समझ नहीं सके। वे बोले, "चलो, हम सभी समंदर के किनारे चलते हैं।"

वहाँ उन्होंने बच्चों को बहुत पास से पक्षियों और उनकी उड़ान को देखने का मौका दिया। वे अपनी बात समझाते रहे और मिसाल के लिए वहाँ उड़ रहे पक्षियों को दिखाते रहे। इस तरह बच्चों को बहुत कुछ समझ आ गया। कलाम ने कहा, "सर, एक बात समझ नहीं आई, पक्षी अपनी टाँगें पीछे की ओर क्यों मोड़ लेते हैं?"

"ताकि वे बिना किसी बाधा के हवा में तैर सकें।"

उस दिन की कक्षा मजेदार रही। सारे बच्चे अपना पाठ पढ़ने के बाद बतियाते हुए वापस आए। परंतु कलाम शांत थे। शायद वे पक्षियों की उड़ान से भी आगे की कोई बात सोच रहे थे।

□

टूट गए बंधन

कलाम मुसलिम परिवार से थे। उनके अधिकतर अध्यापक कट्टर ब्राह्मण थे। उस इलाके में हिंदुओं की जातिप्रथा को बहुत माना जाता था। दूसरे धर्म के लोगों के साथ भोजन करना तो दूर रहा, दूसरी जाति के साथ बैठकर भी भोजन करने की परंपरा नहीं थी। वैसे, बहुत से लोग इस प्रथा से छुटकारा पाना चाहते थे। इनमें से बहुत से तो ब्राह्मण परिवारों से ही थे। ऐसा ही एक कदम एक बार कलाम के अध्यापक सुब्रह्मण्यम अय्यर ने उठाया था।

सुब्रह्मण्यम की पत्नी बहुत ही कट्टर स्वभाव की महिला थीं। वह अपने घर में किसी अनचाहे मेहमान को नहीं आने देतीं। उनकी रसोई में बैठकर भोजन पाने का तो सवाल ही नहीं पैदा होता था। उन्होंने अपने घर का ऐसा ही पारंपरिक रूप बना रखा था, जिसमें परिवार के लोग रसोई में ही बैठकर खाना खाते। इसका मतलब था कि उनके घर में दूसरी जाति या दूसरे धर्म के लोग भोजन नहीं पा सकते थे। सुब्रह्मण्यम अय्यर इस सदियों पुरानी प्रथा को तोड़ना चाहते थे।

एक विद्रोही की तरह इस सामाजिक कुरीति को मिटाने के लिए उन्होंने कलाम को अपने घर भोजन पर आने का न्योता दिया। उन्हें अपना वह छात्र बहुत प्रिय था। कलाम में उन्हें ऐसा बच्चा दिखता था, जो आनेवाले समय में अपनी प्रतिभा से शहरी बालकों को मात दे सकता था, जो बाकी

सभी बालकों को हर क्षेत्र में पछाड़ सकता था।

शिव सुब्रह्मण्यम ने कलाम को दालान में बिठाया और अपनी पत्नी के पास गए। उन्होंने अपनी पत्नी से धीमे, किंतु आत्मविश्वास से भरे शब्दों में कहा, ''आज मेरे साथ एक नन्हा मेहमान भोजन पर आया है। मैंने ही उसे न्योता दिया है।''

उनकी पत्नी ने मुसलिम टोपी पहने एक बालक को देखा तो उनकी आँखें सुलग उठीं, पर उन्होंने किसी तरह खुद को वश में किया और बोलीं, ''सवाल ही नहीं पैदा होता।'' वह दूसरे धर्म के बालक को अपने पवित्र रसोईघर में भोजन कराने के विचार से ही सन्न रह गई थीं।

''वह मेरा अतिथि है।'' शिव सुब्रह्मण्यम ने दृढ शब्दों में कहा।

''ठीक है, अगर आप कहते हैं तो मैं उसे भोजन करवाने को तैयार हूँ; परंतु आप उसे रसोई के भीतर नहीं लाएँगे। आपको उसे बाहर बैठाना होगा।''

''यह विचार भी बुरा नहीं है।'' यह कहकर सुब्रह्मण्यम ने रसोई के बाहर के फर्श पर ही पत्तल बिछा दिए। उन्होंने स्वयं कलाम को भोजन परोसा और फिर खाने के लिए बैठ गए। उन्होंने एक साथ खाना खाया। उनकी पत्नी रसोई के दरवाजे पर खड़ी हैरानी से उन्हें ताकती रह गईं।

उस दिन भोजन में उबला चावल और साँभर था, जिसे पत्ते से बनी पत्तल में परोसा गया था। कलाम को वह भोजन उतना ही स्वाद लगा, जितना स्वादु उसे माँ के हाथ से बने खाने में आता था। जब उन्होंने भोजन के बाद पानी पीया, हाथ व फर्श साफ कर दिया और रसोई के पीछे से झाँकती एक जोड़ी आँखों को देखा तो यही सोचने लगे कि क्या उन्होंने और शिव सुब्रह्मण्यम ने अलग-अलग भोजन किया या एक ही भोजन ने उनके लिए अलग-अलग प्रभाव दिया होगा?

जब कलाम भोजन के बाद जाने लगे तो उन्होंने अनुमति चाही, ''जी, अब मैं जाऊँ?''

“भोजन स्वादिष्ट लगा?” अध्यापक ने पूछा।

कलाम मुँह में कुछ बुदबुदाए। दरअसल वे तय नहीं कर सके कि उन्हें भोजन की प्रशंसा करनी चाहिए या उनकी पत्नी के बारे में दो शब्द कहने चाहिए।

“तुम्हारे साथ यहाँ जो व्यवहार हुआ, हो सकता है कि उसके कारण तुम्हें अपने भोजन का पूरा स्वाद न मिला हो; परंतु अगर तुम इन सामाजिक बंधनों और कुरीतियों को मिटाना चाहते हो तो तुम्हें सबकुछ सहन करना ही होगा।”

कलाम ने हौले से गरदन हिलाई।

जब वे जाने लगे तो पीछे से आवाज सुनाई दी, “तुम्हें कठिनाइयों से हार मानने की बजाय उनका सामना करना सीखना होगा। जब तुम किसी हालात का सामना करने की ठान लेते हो, तभी जीत हासिल करने की उम्मीद रख सकते हो।”

“जी सर!” कलाम बोले।

“तुम अगले सप्ताह फिर मेरे घर भोजन करने आ रहे हो।” सुब्रह्मण्यम बोले।

कलाम हौले से मुसकराए। उन्होंने अपने अध्यापक को सराहा, जिन्होंने कितनी खूबसूरती से चुनौती का सामना किया। वे तो पहले से ही उनका बहुत सम्मान करते थे, पर आज उनके लिए सम्मान का भाव पहले से कई गुना हो गया था।

□

कलाम फिर बने अनचाहे मेहमान

जब कलाम को अगले सप्ताह के लिए पुनः भोजन का न्योता मिला तो वे यह तय नहीं कर सके थे कि वास्तव में ऐसा हो पाएगा या नहीं। एक दिन स्कूल के बाद जब वे घर जाने की तैयारी में थे तो शिव सुब्रह्मण्यम उनके पास आकर बोले, ''तुम मेरे घर चल रहे हो। हम एक साथ खाना खाएँगे।''

कलाम कोई उत्तर नहीं दे सके। रास्ते में मास्टरजी बहुत सारी ज्ञान की बातें करते चल रहे थे। वे अपने इस छात्र को अपना सारा ज्ञान और गुण सौंप देना चाहते थे। इधर कलाम के मन में एक ही बात चल रही थी कि क्या मास्टरजी की पत्नी उन्हें अपने घर में भोजन करने देंगी?

इस बार कलाम के लिए बहुत सा आश्चर्य प्रतीक्षा कर रहा था। मास्टरजी की पत्नी ने उनका स्वागत भी किया और वे उसे अपनी रसोई में भी ले गईं। मास्टरजी ने अपने छात्र के साथ रसोई में भोजन किया और उनकी पत्नी ने दोनों को भोजन परोसा। उनकी पत्नी की आँखों से स्नेह और अपनापन छलक रहा था। कलाम को अपनी अम्मी और उनमें कोई अंतर नहीं दिखा। वे देख रहे थे कि सामाजिक पाबंदियाँ टूट रही थीं।

यह घटना कलाम के लिए किसी बड़े पाठ से कम न थी। यह आजीवन उनके दिमाग में बसी रही। ऐसे साहसिक कदमों से ही आपसी मेल-जोल और भाईचारे को बढ़ाया जा सकता है। □

एक आँधी

अक्तूबर 1942 का समय था। उसी समय गांधीजी के नेतृत्व में पूरे भारत में स्वशासन की लहर दौड़ उठी। 'भारत छोड़ो आंदोलन' के कारण पूरे देश में उथल-पुथल मच सकती थी। दूसरा विश्व युद्ध भी लड़ा जा रहा था और उसमें अमेरिका के प्रवेश के बाद तो यह और भी विनाशक हो गया था। जहाँ तक इस सुदूर द्वीप की बात थी, इन सभी हलचलों के अलावा एक भी अपना कहर ढाने आ रहा था। बंगाल की खाड़ी में यह तूफान उठा।

कलाम अपने आँगन में स्कूल से मिला काम पूरा कर रहे थे, अचानक ही उन्हें हवा में तेजी का अहसास हुआ। उन्हें लगा कि वे अपने पन्नों को वश में नहीं कर पा रहे थे। उन्होंने किताब के पन्नों पर पत्थर रख दिया और फिर उस पर दूसरी किताबें भी रख दीं। पर इससे भी कोई अंतर नहीं पड़ रहा था। वे बहुत ही होशियार थे, इसलिए उन्हें स्कूल से हमेशा थोड़ा अधिक गृहकार्य दिया जाता था। इस समय वे वही काम कर रहे थे। वे अपने अध्यापकों की उम्मीदों पर खरा उतरना चाहते थे।

जब पन्ने सँभालना कठिन हो गया तो उन्होंने कमरे में जाने की सोची। उन्होंने किताबें व कॉपियाँ लीं और कमरे की ओर चल दिए जब वे बैग उठाने आए तो पाया कि वह अचानक हवा से उड़ा और सामने की दीवार से जा टकराया। वे उसके पीछे भागे। पर हवा तो उसे उनसे दूर ले

जाती जा रही थी। वे किसी तरह बैग को लपककर। कमरे में वापस लाने में कामयाब रहे। उन्हें हवा में तैरते चीख-चिल्लाहट के सुर सुनाई दे रहे थे। उन्होंने आकाश की ओर देखा तो बहुत सारी चीजें उड़ती दिखाई दीं, जैसे—कागज, कपड़े, टिन के छप्पर वगैरह। बहुत काले बादल छाए हुए थे। हवा का वेग प्रबल होता जा रहा था। तूफान पूरे वेग के साथ बढ़ा चला आ रहा था।

जल्दी ही बारिश भी होने लगी। ऐसा लगता था कि हवा धरती से सबकुछ उखाड़कर रख देगी। बारिश होने के कारण तो वह और भी भयंकर दिखने लगी थी।

उनकी अम्मी ने उन्हें अंदर बैठने को कहा, किंतु उस समय वे उन सबके बारे में सोच रहे थे, जो उस समय समंदर के पास थे। वह मछुआरों का एक गाँव था और हमेशा कुछ मछुआरे अपनी आजीविका चलाने के लिए समंदर के किनारे ही मिलते थे। फिर उनके अब्बा की नाव भी तो यात्रियों के साथ सागर में ही होगी। यह भी शुक्र था कि उस समय अब्बा उस नाव में नहीं थे।

उन लहरों और हवाओं ने सारे कस्बे को तबाह कर दिया। चारों ओर टूटे पेड़, घर और बरबाद हो चुके खेत दिख रहे थे। उनके अब्बा की नाव भी इस विनाश की भेंट चढ़ गई। उनका नारियल के वृक्षों से भरा बाग भी इस तूफान के आगे टिक नहीं सका। आय के दोनों ही साधन बरबाद हो गए थे।

कलाम यह देखकर उदास थे। उन्हें याद है कि उनके अब्बा कैसी निपुणता से नारियल के पेड़ पर चढ़ जाया करते। वे अपने आपसे पूछने लगे, 'अब अब्बा क्या करेंगे?'

कलाम अकसर चोरी-छिपे उस नाव की सवारी करते थे। अब वे ऐसा नहीं कर सकेंगे। जब सारा परिवार दालान में तनाव और गहरे दबाव के बीच खड़ा था तो उनके अब्बा ने सहज भाव से कहा, "हर इनसान को अपने कर्मों का फल मिलता है।" फिर वे सबको बताने लगे कि उनके

धर्म में दुर्भाग्य का क्या मतलब बताया गया है। संकट के समय अल्लाह अपने बंदों की परीक्षा लेता है। उसने हमें सिखाया है कि हमें ऐसे संकट के आगे हथियार डाल देने चाहिए। हमें उसकी मरजी के बिना न तो कुछ मिलता है और न ही हम कुछ गँवा सकते हैं। सबकुछ अल्लाह की मरजी के अनुसार ही चलता है। मनुष्य को संकट के समय धैर्य से काम लेना चाहिए। जब उसे कुछ मिले तो ईश्वर का आभार प्रकट करना चाहिए। उसकी कृपा के बिना इनसान को जीवन में कुछ नहीं मिल सकता। अल्लाह सब पर नजर रखता है। वह हर ओर मौजूद है। उसकी मरजी के बिना तो पत्ता तक नहीं हिलता।

□

नाव का निर्माण फिर से

कलाम देख चुके थे कि नाव कैसे तैयार की जाती है। अभी वे यादें उनके दिमाग में तरोताजा थीं। उन्हें अच्छी तरह याद था कि कैसे कुछ साल पहले नाव बनाते समय पहले उसकी लकड़ी को तैयार किया गया था, ताकि वह समंदर के खारे पानी को सहन कर सके। उन्होंने सोचा कि अब वे बड़े हो गए थे। अगर अब्बा दोबारा नाव बनाना चाहेंगे तो वे उनकी मदद कर सकते हैं।

उनके अब्बा ने सदा अपने बच्चों को आत्मनिर्भरता का पाठ पढ़ाया। एक दिन उन्होंने अपने बेटे से कहा था, ''अल्लाह भी उनकी मदद करते हैं, जो लोग अपनी मदद स्वयं आप करते हैं।''

उन लोगों को अपनी टूटी हुई नाव को नए सिरे से बनाना था। वह जमाना ऐसा था, जब देश पर अंग्रेजों का राज था और प्राकृतिक आपदा की मार झेल रहे लोगों को कहीं से कोई मदद नहीं मिलती थी। वे लोग असहाय स्थिति में थे। उनकी गरीबी को देखते हुए, कोई उन्हें कर्ज देने को भी तैयार नहीं था। इस तरह उन्होंने तय किया कि वे अपने पास मौजूदा साधनों के बल पर ही अपने लिए नाव को फिर से तैयार करेंगे।

कलाम के सामने ही नाव धीरे-धीरे आकार लेने लगी। उनके पास नाव की सामग्री और बनाने के तरीकों से जुड़े बहुत सारे सवाल थे और उनके अब्बा उन सभी सवालों के जवाब देने के लिए सदा तैयार रहते। जब

उन्हें कोई जवाब नहीं मिलता तो वे बात को टालने की बजाय कहते, ''मैं तुम्हें इसके बारे में बाद में बताऊँगा।'' फिर वे अखबारों और पत्रिकाओं की मदद से अपना उत्तर तलाशने की कोशिश करते। वे आठवीं कक्षा पास थे, पर उनके पास ज्ञान का अनुपम भंडार था।

कलाम अपने अध्यापकों से जो भी सीखते, वे उसे अपने अब्बा के साथ बाँटते। इस तरह वे अब्बा के और भी निकट आने लगे।

एक दिन उन्होंने अपने अब्बा से पूछा, ''आप नाव बनाने के लिए सागौन की लकड़ी क्यों इस्तेमाल करते हैं?''

अब्बा बोले, ''सागौन की लकड़ी बहुत मजबूत होती है। सुना है कि इसमें दीमक भी नहीं लगती?''

''सागौन की लकड़ी को दीमक क्यों नहीं लगती?'' कलाम ने सवाल किया।

उनके अब्बा ने एक पल के लिए सोचा और फिर बोले, ''मैं इस बारे में कुछ नहीं कह सकता, क्योंकि मुझे अंदाजा नहीं है।''

कलाम उन सभी बातों को अपने दिमाग में रख लेते थे, जिनके उत्तर अब्बा के पास नहीं होते थे। अगले दिन शिक्षक स्कूल में आधे दिन की छुट्टी के समय विज्ञान के शिक्षक बाहर जाने लगे तो कलाम ने उनसे पूछा, ''सर, सागौन की लकड़ी को दीमक क्यों नहीं लगती?''

शिक्षक ने उनका कंधा थपथपाया और कक्षा से बाहर आते हुए कहा, ''यदि तुमने उस लकड़ी को चखा हो तो तुम्हें अपना उत्तर मिल जाएगा।''

''पर हम लकड़ी तो नहीं खाते?'' कलाम बोला।

''मैं उसे खाने के लिए नहीं, चखने के लिए कह रहा हूँ। उसका स्वाद बहुत कड़वा होता है, इसलिए उसे दीमक नहीं लगती।''

''धन्यवाद सर!'' कलाम ने कहा।

''और यह तुम्हारे लिए एक सबक भी है।''

कलाम ने उन्हें हैरानी से देखा तो वे बोले, ''सागौन की कड़वी लकड़ी

तुम्हें एक पाठ पढ़ाती है। यदि तुम्हारे कोई दुश्मन हैं तो अपने भीतर ऐसे गुण पैदा करो कि वे तुम्हारा कोई नुकसान न कर सकें।''

कलाम हामी भरते हुए आगे चल दिए। वे मन-ही-मन पूरी कहानी को एक सूत्र में पिरो रहे थे, ताकि अब्बा को प्रश्न के उत्तर के साथ-साथ यह नैतिक शिक्षा भी दे सकें।

□

कलाम और अम्मी के हिस्से की रोटी

दूसरे विश्व युद्ध का समय था। युद्ध में लाखों जानें जा चुकी थीं। इसके अलावा आम जनता भी पिस रही थी। दोनों ओर के लड़ाकू विमान कहीं भी जनता पर बम बरसा देते और बेकसूर लोग अपनी जान से हाथ धो बैठते।

ब्रिटेन उस समय आजादी और मुक्ति के नाम पर मित्र देशों का नेतृत्व कर रहा था; पर इसी देश ने एशिया और अफ्रीका में बहुत सारे देशों को अपना गुलाम बनाया हुआ था और उनपर मनमाने जुल्म ढाता था। भारत को भी जबरन दूसरे विश्व युद्ध में धकेल दिया गया। बहुत सारे भारतीय सिपाहियों को भारत और दूसरे देशों के मोरचों पर नियुक्त किया गया। उन्होंने देश के प्राकृतिक और कृषि साधनों को भी अपने लाभ के लिए इस्तेमाल किया और उनका दुरुपयोग करने लगे। इस वैश्विक युद्ध का सीधा असर भारत पर दिखने लगा था। भोजन राशन में मिल रहा था। लोग भरपेट भोजन के लिए तरस रहे थे और भुखमरी के कारण कुपोषण की समस्या बढ़ रही थी।

कलाम के परिवार पर भी इसका असर दिखाई दिया। परिवारवालों को राशन कुछ निश्चित दिनों तक चलाना होता था, क्योंकि उससे पूर्व

कुछ मिलने की उम्मीद नहीं होती थी। हालात बहुत खराब थे। बड़े लोग बच्चों को समझा नहीं पा रहे थे कि उन्हें भरपेट खाना क्यों नहीं मिल पा रहा। अकसर माता-पिता खुद भूखे रहकर अपने बच्चों का पेट भरने की कोशिश करते।

अकसर कलाम बच्चों के साथ खेलने नहीं जाते थे। उन्हें किताबें पढ़ना पसंद था। उस दिन पढ़ने के लिए कुछ नहीं था, इसलिए वे भी बच्चों के साथ खेलने लगे। उन्हें बहुत मजा आया। वे दिन ढलने तक खेलते रहे और थककर चूर हो गए।

रात के खाने का समय था। उस महीने में चावल पर राशन था। पूरा परिवार शौक से चावल खाता था, इसलिए उसकी भरपाई के लिए साथ में रोटी भी बन रही थी। उन्हें वह पसंद नहीं थी, पर खाना ही पड़ता था।

सारा परिवार चूल्हे के पास खाना खाने बैठा था। यह एक अलिखित नियम था कि सभी तीन चपातियाँ लेंगे। अगर कोई एक भी चपाती अधिक खा लेगा तो दूसरे को भूखा रहना होगा। उस दिन कलाम को खेलने के कारण बहुत तेज भूख लगी हुई थी। सारे सदस्य अपना खाना खा चुके थे। कलाम अपनी तीन चपातियाँ खाकर भी नहीं उठे तो अम्मी ने उनसे पूछा कि क्या वे और खाना चाहते हैं? उन्होंने हामी भर दी।

अम्मी ने बड़े प्यार से थाली में चपाती रखी और कलाम खाने लगे; पर समझ नहीं आ रहा था कि उनके भाई उन्हें कड़ी निगाह से क्यों देख रहे थे।

वह चपाती भी खत्म हो गई। अम्मी ने पूछा कि क्या और चपाती चाहिए।

''जी अम्मी, बहुत भूख लगी है।'' वे बोले।

अम्मी ने एक और चपाती परोस दी। इस तरह उस दिन कलाम छह चपातियाँ खा गए। उन्हें लगा कि अगर उन्हें और खाना मिलता तो शायद वे उसे भी खा सकते थे। खैर, उन्हें अपने भाई की घूरती आँखों से भी बेचैनी हो रही थी।

जब कलाम सोने के लिए जाने लगे तो उन्होंने बड़े भाई से कहा, "क्या आप किसी बात से मुझसे नाराज हैं?"

उनके भाई ने जवाब दिया, "तुम कितने मूर्ख हो! आज तुम्हारी वजह से ही अम्मी को खाली पेट सोना होगा।"

"क्यों, ऐसा क्या हो गया?" कलाम ने हैरानी से पूछा।

"सबको खाने के लिए तीन रोटियाँ ही मिलनी थीं। तुम अपना हिस्सा खाने के बाद अम्मी के हिस्से की रोटियाँ भी खा गए। आज उन्हें खाना खाए बिना ही सोना होगा।"

अब कलाम को अपनी भूल का पता चला। वे सीधा अम्मी के पास गए, जिन्होंने उस रात एक कटोरी में थोड़े से साँभर के सिवा कुछ नहीं खाया था। कलाम उन्हें बाँहों में भरकर रोने लगे, "आपको मेरी वजह से भूखे सोना पड़ रहा है।"

उनकी अम्मी ने दिलासा दी, "नहीं मेरे लाल, ऐसी कोई बात नहीं। जब बच्चों का पेट भरता है तो उन्हें देखकर ही माँ का पेट भर जाता है। मुझे खुशी है कि आज तूने भरपेट खाना खाया।"

कलाम ने इस घटना से सीखा कि माँ दुनिया का सबसे त्यागी जीव होती है और आपको उसके प्रति आदर व सम्मान का भाव रखना चाहिए।

□

पहली कमाई

कलाम अनुमान लगा सकते थे कि भयंकर तूफान और दूसरे विश्व युद्ध के कारण ही उनके परिवार को गरीबी का सामना करना पड़ रहा था। पर उनके अब्बा इतनी आसानी से हार नहीं मानने वाले थे। वे जल्दी ही अपनी नई नाव तैयार करने लगे।

कलाम को ऐसा लगने लगा था कि अब वे बड़े हो गए थे और किसी भी तरह अपने परिवार को थोड़ी मदद दे सकते थे। वे नहीं जानते थे कि अचानक बाजार में इमली के बीजों की माँग क्यों बढ़ गई; पर उन्हें यह पता था कि यह काम उनके बस में था। वे घर-घर जाकर इमली के बीज इकट्ठा करते और उन्हें बाजार में बेच आते। उन्हें अपने काम के लिए एक आना मिला। उन दिनों एक आने का भी मोल था। वह एक रुपए का सोलहवाँ हिस्सा था, जो कई दिनों तक एक इनसान का पेट भरने के लिए काफी था।

पर यह काम निश्चित समय तक चलने वाला नहीं था। इमली के बीज जमा करने के साधन नहीं मिल पाते थे; पर इस घटना ने उन्हें सिखा दिया था कि कठिन समय से उबरने के लिए किसी भी तरह का काम किया जा सकता है।

□

पहली असली कमाई

जब ईश्वर कठिन चुनौतियाँ देता है तो उनके समाधान भी साथ ही देता है। बस, हमें उन्हें पहचानकर अपने जीवन में स्थान देना होता है। जाने क्यों, अंग्रेज सरकार ने उस रेलगाड़ी के रामेश्वरम् ठहरने पर रोक लगा दी, जो हमेशा उनके स्टेशन पर आकर ठहरती थी। जबकि उस स्थान से उन्हें कोई खतरा भी नहीं था। उस रेल से बहुत से लोगों का रोजगार जुड़ा था। वे सब उससे प्रभावित हुए और उन्हीं लोगों में कलाम के चचेरे भाई शम्सुद्दीन भी शामिल थे। वे अखबार विक्रेता थे। वे पम्बन से अखबार लेते, उसे रामेश्वरम् पर उतारते और फिर शहर में बेचा करते। अब स्थानीय स्टेशन पर गाड़ी के न ठहरने से परेशानी पैदा हो गई थी। अचानक उन्हें अपनी समस्या का रचनात्मक हल सूझ गया। उन्होंने कलाम को बुलाकर उनकी मदद चाही और बोले, ''क्या तुम थोड़े पैसा कमाना चाहोगे?''

कलाम यह सुनकर प्रसन्न हुए। वे तो परिवार की मदद करना ही चाहते थे। शम्सुद्दीन बोले, ''देखो, स्थानीय स्टेशन पर गाड़ी नहीं रुक रही।''

''जी, मैं जानता हूँ।''

''इसी वजह से मेरा अखबार बेचने का धंधा खराब हो रहा है।''

''आप उन्हें चलती गाड़ी से फेंक सकते हैं।'' कलाम ने कहा।

''मैंने भी यही सोचा था; पर जब तक मैं धनुषकोडि से वापस

आऊँगा, तब तक दोपहर हो जाएगी। और कोई भी बासी अखबार नहीं खरीदता। लोग केवल सुबह के समय ही अखबार लेना पसंद करते हैं।'' शम्सुद्दीन ने कहा।

''मैं क्या कर सकता हूँ? कैसे आपकी मदद कर सकता हूँ?'' कलाम बोले।

''बस, तुम्हें उन अखबारों को स्टेशन से उठाकर पाठकों के घर तक पहुँचाना है।''

कलाम को यह काम पसंद आ गया। पैसे तो मिले ही, इसके अलावा उन्हें एक और लाभ भी हुआ। अखबार उनके लिए आकर्षण का केंद्र बन गया। वे अकसर फालतू अखबार पढ़ने लगते। भाषा अच्छी तरह नहीं आती थी, पर वे चित्रों को देखकर भी बहुत कुछ समझ लेते थे। धीरे-धीरे देश और दुनिया के बारे में उनका ज्ञान बढ़ने लगा। इस तरह पिताजी और अपने अध्यापक से पूछे जानेवाले सवालों की गिनती भी बढ़ने लगी। वे तो इस संसार के सारे ज्ञान को अपने भीतर समेट लेने को आतुर थे।

□

अखबार बाँटना

अखबारों को स्टेशन से जमा करना और ग्राहकों तक पहुँचाने का काम भी कम चुनौतीपूर्ण नहीं था। ज्यों ही वे अरबी कक्षा से आते, सीधा स्टेशन रवाना हो जाते। उन्हें 'मद्रास-धनुषकोडि मेल' के आने पर नजर रखनी होती थी, जो अकसर देर से आती। वे दूर से ही उसे आता देख लेते और फिर भागते हुए उस डिब्बे को खोजने की कोशिश करते, जिसके बाहर से शम्सुद्दीन आज का अखबार हिलाते दिखते।

कुछ ही समय में उनके लिए काम आसान हो गया। उन्हें बड़ी होशियारी से चलती गाड़ी से फेंके गए अखबारों के बंडल समेटने होते। उन्हें पड़ोस के हिसाब से बंडलों में बाँटा जाता। इसके बादवाला एक घंटा अखबार बाँटने में निकल जाता। अकसर लोग उन्हें घर के दरवाजे पर इंतजार करते दिखते। वे उनकी सराहना करते। आठ साल के एक लड़के को इतनी मेहनत से काम करते देख सबको बहुत अच्छा लगता था।

वे सुबह 8 बजे के करीब अपने घर वापस आते। अम्मी के हाथों का नाश्ता अमृत जैसा लगता। इसके बाद उन्हें स्कूल के लिए भागना होता। उन्हें शाम को भी अखबार के काम के लिए जाना होता। उन्हें ग्राहकों से पैसे लेने जाना होता था। कुछ लोग पहली बार में पैसे दे देते, पर कई लोगों के घर कई बार जाने के बाद ही बात बनती थी।

□

अब्बा का दैवीय संपर्क

कलाम के अब्बा के पास जो नाव थी, वह तीर्थयात्रियों को लाने व ले जाने का काम करती थी। उनका घर मसजिदवाली सड़क पर था, जो शिव मंदिर से ज्यादा दूर नहीं था। रामेश्वरम् पूर्वी तट पर बसा था, इसलिए सूर्य देवता जल्दी आ जाते थे। सारा शहर भी उनके साथ जाग जाता। उनके अब्बा भी सुबह जल्दी उठते। सुबह के समय सागर की संगीत ध्वनि भी साफ सुनाई देती थी।

कलाम को भी अरबी कक्षा में जाना होता था। जब वे उठते तो देखते कि अब्बा बाहर जाने को तैयार होते। वे अपने पिता की दिनचर्या जानते थे। वे घर से निकलकर, सँकरी गलियों को पार कर, शिव मंदिरवाली सड़क पर आ जाते और फिर घर से 4 किलोमीटर की दूरी पर स्थित उस इलाके की ओर जाते, जहाँ उनके नारियल के पेड़ खड़े थे।

किसान के जीवन में सुबह की सैर उसके जीवन का हिस्सा होती है और उसे सेहतमंद भी बनाए रखती है। परंतु कलाम को लगता था कि उनके अब्बा के चेहरे पर एक अलग ही नूर बरसता था। वे कभी अपनी नमाज का नागा नहीं करते थे। उनकी इबादत हमेशा समय पर पूरी होती।

अकसर अवकाशवाले दिन कलाम भी अब्बा के साथ मसजिद जाते। अब्बा उन्हें समझाते, ''अपनी नमाज समय से पढ़नी चाहिए। इससे तुम्हारे

भीतर अपना फर्ज निभाने की उमंग बनी रहती है।''

जब उनके अब्बा मसजिद से बाहर आते तो बहुत से लोग उनसे मिलने आ जाते। वे अलग-अलग धर्मों को माननेवाले होते। अकसर कलाम के अब्बा के शब्दों से लोगों के मन को बहुत तसल्ली मिलती। वे कोई उपदेशक नहीं थे और न ही कोई अध्यापक थे; पर लोगों को उनकी बातें सुनकर प्रेरणा मिलती थी। लोगों को लगता था कि उनपर अल्लाह का करम था।

कई लोग उनके पास पानी से भरा कटोरा लाते। वे मंत्र पढ़कर उसमें अपनी उँगुलियाँ डुबो देते।

एक दिन कलाम ने उनसे पूछा, ''अब्बा क्या यह पानी किसी का इलाज कर सकता है? क्या इसमें जादुई ताकत आ जाती है?''

जैनुलाबदीन मुसकराकर बोले, ''इस पानी को अल्लाह के नाम का सहारा है। अगर इसे उसी विश्वास के साथ इस्तेमाल न किया जाए तो यह सादा पानी ही है। जो लोग कहते हैं कि उन्हें इस पानी से आराम आता है, वे उनके उस भरोसे की वजह से है, जो वे अल्लाह पर रखते आए हैं।''

''ये लोग आपके पास क्यों आते हैं? आप इनके लिए क्या करते हैं?''

''जब भी कोई इनसान मुसीबत के समय खुद को अकेला पाता है तो उसे ऐसा लगता है कि उसके पास कोई साथी हो, जो उसके मन का भार हलका कर सके। मैं कोई दैवी व्यक्ति नहीं; पर मैं उनके लिए दुआ करता हूँ, जो मेरे पास अपना दुःख सुनाने आते हैं। मुझे ऐसा लगता है कि मैं अल्लाह और उनके बीच एक पुल का काम कर रहा हूँ, उन्हें उस तक पहुँचाने का फर्ज निभा रहा हूँ।'' जैनुलाबदीन ने उत्तर दिया।

नन्हे बच्चे ने कौतूहल से पूछा, ''किसी भी मुश्किल को हल करने का सबसे बेहतर उपाय क्या है?''

''जब भी संकट आए तो अपने भीतर झाँको। तुम्हें अपनी हर मुश्किल का हल अपने मन से ही मिलेगा, क्योंकि वह तुम्हारे ही भीतर बसा है।''

"इस तरह तुम्हें अपने आपको जानने का भी मौका मिलता है।" अब्बा ने उन्हें समझाया।

कलाम को अपने अब्बा से बहुत कुछ सीखने का अवसर मिला। उन्होंने आजीवन उनके सबक याद रखे। जब भी वे किसी मुश्किल घड़ी में होते तो उन्हें अपने भीतर से ही अपनी समस्या का हल मिलता था।

□

सुबह की सैर

"मेरे शिक्षक कहते हैं कि सुबह की सैर बहुत सेहतमंद होती है।" कलाम ने अब्बा से कहा।

"हाँ, बेशक पर यह उससे भी कहीं ज्यादा फायदा करती है।" अब्बा ने कहा।

"वह कैसे, अब्बा?"

"सुबह के समय कुदरत की छटा देखने लायक होती है। पक्षी चहचहाते हैं, ठंडी हवा चलती है और सारा आकाश सुनहरा लाल हो जाता है। ये सब देखने योग्य दृश्य होते हैं। कुदरत रोज एक तरह से ही सामने आती है, पर हर रोज इसके आने का अंदाज निराला होता है। बदलते मौसम के साथ इसका मिजाज भी बदलता है। यह अपने सभी रंगों व रूपों में अद्‌भुत है।" अब्बा ने कहा।

कलाम ने एक सबक सीखा। उन्होंने इन पाठों को आजीवन अपने दिमाग में बसाए रखा। उन्हें अपने जीवनकाल में कई जगह जाने और देखने का मौका मिला। कई बार वे रात को काम के कारण देर तक जागते भी थे; पर उन्होंने कभी सुबह की सैर का नियम नहीं तोड़ा। उन्हें लगता था कि उन्हें सुबह की सैर से बहुत सारी ऊर्जा और उमंग मिलती थी।

□

कलाम का भोजन

कलाम अपनी अम्मी से बेहद लगाव रखते थे। ऐसा केवल इसलिए नहीं था कि वे उनके दुलारे थे; वे अपनी अम्मी को इसलिए भी चाहते थे, क्योंकि वे बहुत ही मेहनती थीं। वे सारा दिन उन्हें कड़ी मेहनत करते हुए पाते।

कलाम को भूलता नहीं था कि वे कैसे अपने परिवार के साथ खाना खाते थे। वे अम्मी के साथ बैठते थे और अम्मी खास खयाल रखती थीं कि वे भरपेट खाना खाएँ, क्योंकि उन्हें सुबह से लेकर शाम तक लगातार काम करना होता था।

सारा परिवार केले से बनी पत्तल पर खाना खाता। उनके खाने में अकसर उबले चावल, साँभर, घर के बने अचार और नारियल की चटनी होती थी। चावल उनका मुख्य आहार था। राशन के दिनों में उन्हें चावल की जगह रोटी खानी पड़ती थी, अन्यथा वे चावल ही खाते थे।

वे खाने के पहले अच्छी तरह मुँह-हाथ धोते, खाने को अच्छी तरह मिलाते। खाने के दौरान बात करना मना था, पर खाना आरंभ होते समय बहुत हल्ला मचता। तब बच्चे आपस में बातें करते, क्योंकि उसके बाद उन्हें कुछ देर के लिए चुप रहना होता था। कलाम बहुत धीमा और मीठा बोलते थे। अकसर शोर के बीच उनकी आवाज दब जाया करती। पर उनकी अम्मी और बहन जोहरा खयाल रखते कि वे क्या कहना चाहते थे।

जली हुई चपाती

एक दिन कलाम की अम्मी थकी हुई थीं। दरअसल वे बहुत जल्दी उठी थीं, क्योंकि जैनुलाबदीन को कहीं बाहर जाना था। वे तब से रात तक लगातार काम करती रहीं। रात के खाने तक वे थककर चूर हो गई थीं। वे अभी आराम करने नहीं जा सकती थीं। उन्हें परिवार के लिए खाना पकाना था। उन दिनों चावल नहीं मिल रहा था, इसलिए सबके लिए चपाती बनानी होती थी। यह काम और भी थका देने वाला था। उन्होंने अपनी थकान की परवाह न करते हुए चपातियाँ बनाईं। सारा परिवार चूल्हे के पास ही बैठा था।

उन्होंने पहली चपाती जैनुलाबदीन की थाली में परोसी। कलाम ने देखा कि वह बहुत जली हुई थी। उन्हें लगा कि अब्बा उस चपाती को फेंक देंगे या अपनी पत्नी पर चिल्लाएँगे; पर उन्हें यह देखकर हैरानी हुई कि अब्बा ने वह चपाती ऐसे खा ली, मानो उससे अच्छा भोजन कभी किया ही न हो! ज्यों ही वे आखिरी कौर खाने लगे तो उनकी पत्नी ने यह देखा और माफी माँगी कि रोटी जल गई थी। जैनुलाबदीन बोले, ''नहीं, मुझे इन जली हुई रोटियों का स्वाद भी अच्छा लगता है।''

कलाम के लिए अब्बा की यह बात हजम करना मुश्किल था। उन्होंने रात को अब्बा से पूछा, ''क्या आपको सचमुच जली रोटियाँ खाना पसंद है?''

''जली रोटियों को खाने से कोई कष्ट नहीं होता; पर कठोर शब्दों से कष्ट होता है। पता है बेटा, इस दुनिया में कुछ भी तो संपूर्ण नहीं है। मेरे भीतर ही कितनी कमियाँ हैं। मैं तो अकसर जन्मदिन की तारीखें और विवाह के दिन तक भूल जाता हूँ। मैंने इतने सालों में यह सीखा है कि हमें एक-दूसरे की भूलों को स्वीकारना चाहिए और अपने संबंधों का आदर करना चाहिए।''

उस दिन कलाम ने एक नया सबक सीखा। दूसरों की निंदा करना आसान है, पर किसी के दिल को दिलासा देना उतना ही कठिन होता है।

□

अम्मी का त्याग

नन्हे कलाम को सुबह जल्दी उठकर अरबी की कक्षा के लिए जाना होता था। वे अकसर 4.45 बजे के आस-पास उठ जाते। उनकी अम्मी को बस, एक या दो बार आवाज लगानी होती थी। उनकी आँख झट से खुल जाती। गणित में उनकी रुचि को देखते हुए अब्बा के मन में उनके लिए कुछ अरमान पलने लगे थे। उन्होंने गणित के एक शिक्षक के पास उनकी ट्यूशन लगवा दी, जो सुबह 4 बजे पढ़ाते थे। शिक्षक की शर्त थी, उनके सभी छात्र सुबह नहाकर ही पढ़ने आया करेंगे। कलाम को मुँह अँधेरे अपने दिन का आरंभ करना पड़ता। अम्मी उन्हें उठाकर नहलातीं और ट्यूशन के लिए रवाना कर देतीं। बेशक, ऐसा करने के लिए उन्हें कलाम से भी पहले सोकर उठना होता था।

कलाम को पहले तो बहुत मुश्किल लगा, पर गणित में दिलचस्पी ने उनकी प्रेरणा को बनाए रखा। वे 5 बजे आने के बाद अरबी कक्षा में जाते। वह घर से बहुत दूर नहीं थी।

ऐसा एक साल तक चलता रहा। उसी समय वे शम्सुद्दीन के अखबार बेचने वाले काम में भी सहयोग दे रहे थे। अरबी कक्षा के बाद वे रेलवे स्टेशन भागते। जब कभी गाड़ी देरी से आती, उस दिन स्कूल में देरी से पहुँचने की नौबत आ जाती। पर शुक्र है कि ऐसा अकसर नहीं होता था।

□

सागर का संगीत

समंदर का भी अपना एक व्यक्तित्व होता है। धरती तो भूकंप आदि से ही अपने रूप का परिचय देती है, परंतु समंदर के मामले में ऐसा नहीं होता। आप उसे हर समय सुन सकते हैं। वह कभी आराम नहीं करता। कई बार लहरों का जोर अधिक नहीं होता और वे बहुत धीमे-धीमे बहती हैं और उनका वह संगीत मन को मंत्रमुग्ध कर देता है। कई बार सागर आवेश में भी आ जाता है। उसमें बड़ी तेजी से लहरें आने-जाने लगती हैं। जब उसका गुस्सा शांत होता है तो वह गहरे समंदर से निकले बहुत सारे उपहारों को किनारे पर लाकर रख देता है, जिनमें मछली, जानवर, सीपियाँ और मोती शामिल होते हैं। उसका यह गुस्सेवाला रूप इनसान को याद दिलाता है कि भले ही विज्ञान और तकनीक कितनी भी प्रगति क्यों न कर ले, वह उस महान् शक्ति के आश्रय पर ही है, जो एक पल में उसकी सारी इच्छाओं और योजनाओं को धूल में मिला सकती है।

नन्हे कलाम को समंदर के निकट रहने का अवसर मिला। वे समंदर की ओर से आनेवाली हवाओं के आदी थे। अब वे समंदर की ओर से उठनेवाले तूफानों से भी डरते नहीं थे। यह सब उनके जीवन का हिस्सा हो गया था। अगर समंदर से उनके परिवार का पेट भरता था तो यही वह समंदर भी था, जो गुस्सा आने पर सबकुछ नष्ट कर देता था। इस तरह नन्हे

कलाम को एक सीख मिली कि आपको जीने के लिए बार-बार साहस सँजोना होता है—और ऐसा तभी संभव है, जब आप संकटों का सामना करने को तैयार हों।

□

अखबार बाँटने से हुआ लाभ

नन्हे कलाम को गणित और अरबी कक्षा, अखबार बेचने, स्कूल जाने, लौटकर गृह कार्य करने और घर के काम में मदद करने के दौरान कड़ी दिनचर्या का पालन करना होता। हालाँकि आरंभ में उन्हें अखबारों के बंडल समेटने में भी परेशानी होती थी। पर जब उनका कद कुछ बड़ा हुआ तो उनके लिए दूर से आती गाड़ी को देखना संभव होने लगा। गणित की कक्षा ने उन्हें रुपए का लेन-देन सिखाया। वे अकसर शाम को अखबार लेनेवाले ग्राहकों से पैसे लेने भी जाते थे। वे अखबारों के संपर्क में थे; हालाँकि वे अभी उनमें चित्र देखने के सिवा कुछ नहीं कर सकते थे।

रविवार की सुबह जब वे कुछ फुरसत में अखबार देने जाते तो लोग अकसर उनके काम के बारे में पूछते और उनसे पूछा जाता कि क्या वे स्वयं अखबार पढ़ते हैं? उन्होंने दूसरे विश्व युद्ध और आजादी की लड़ाई के दौरान लोगों की बातें सुन-सुनकर ही बहुत कुछ जानना शुरू कर दिया था। वे गांधी, कांग्रेस, हिटलर, पेरियार, ई.वी. रामास्वामी और दूसरे लोगों व घटनाओं के बारे में भी जानने लगे थे।

कलाम का जीवन बेहतरी के लिए सँवरने लगा था। उन्होंने समय की पाबंदी का पाठ सीखा। काम करने का मतलब था कि उन्हें नियमित समय पर सारे काम करने होंगे, भले ही उनकी तबीयत कैसी भी क्यों न हो। कोई भी काम बाद में हो सकता था, पर उन्हें गाड़ी से अखबार लेने के लिए सही समय पर पहुँचना ही होता था। इस काम के साथ ही उन्हें जिम्मेदारी उठाने का सबक भी मिला। □

मूर्ति की रक्षा

रामेश्वरम एक छोटा टापू है, जहाँ नन्हे कलाम जनमे और पले-बढ़े। यह एक शांत और प्यारा सा शहर था, जिसमें तीर्थयात्रियों और पर्यटकों का ताँता लगा रहता, जो रामनाथ स्वामी मंदिर के दर्शनों के लिए आते थे। पौराणिक महत्त्व के अनुसार, इस स्थान पर स्थापित शिवलिंग स्वयं माता सीता ने स्थापित किया था। यह स्थान भारतीय तीर्थयात्रियों के लिए बहुत महत्त्व रखता है।

एक दिन नन्हे कलाम के पास रविवार होने के कारण कोई खास काम नहीं था। वे नाश्ता करके घर से निकले। दोस्तों के साथ खेलना चाहते थे, पर उस दिन तब तक कोई आया नहीं था। अब्बा दालान में बैठे चाय पी रहे थे। आज कलाम ने रामनाथ स्वामी मंदिर में एक समारोह देखा था, जिसमें वे पवित्र विग्रह को मंदिर के सरोवर में स्नान के लिए ले गए थे। उन्होंने अपने अब्बा को इस बारे में बताया।

"हाँ, यह समारोह हिंदुओं के लिए बहुत पवित्र है। तुम्हारे पूर्वज भी इस अनुष्ठान से जुड़े थे।" वे बोले।

यह सुनकर नन्हे कलाम की जिज्ञासा बढ़ गई। "वह कैसे, अब्बा?" उन्होंने पूछा।

उनके अब्बा ने कहानी सुनाई—

"यह उनके परिवार में चार-पाँच पीढ़ी पहले की बात थी। उनके

पूर्वज बाबा भी उस दिन मंदिर में थे। ज्यों ही पुरोहितों ने मूर्ति को स्नान के लिए डुबकी लगवाई, वह उनके हाथों से छूटी और सरोवर की गहराइयों में जा गिरी। यह तो बहुत ही बुरा शकुन था। लोग मारे आश्चर्य और भय के ताकते ही रह गए। उसी समय उनके बाबा ने झट से पानी में छलाँग लगा दी, जबकि आस-पास के लोग चीख-चिल्लाहट में ही मग्न थे। वे कुछ ही क्षणों में मूर्ति को पानी से बाहर लाए और ब्राह्मणों को सौंप दिया। यहाँ महान् धार्मिक भाईचारे की भावना का प्रदर्शन हुआ था। किसी को इस बात पर बुरा नहीं लगा कि एक मुसलमान ने मूर्ति को स्पर्श क्यों किया, सबने उनकी प्रशंसा की और उस दिन उनके बाबा मंदिर में नायक की तरह सराहे गए।

इतना ही नहीं, मंदिर ने तय किया कि वे उस नायक को 'मुदल मरयादई' की उपाधि से सम्मानित करेंगे। यह ऐसा सम्मान था, जो केवल मंदिर की सेवा करनेवालों को ही दिया जाता था। इसका अर्थ था कि जब भी वह उत्सव मनाया जाएगा तो वे उसमें सबसे पहले भाग लेने का सौभाग्य पाएँगे। यह परंपरा वर्षों तक जारी रही। उनके बाद उनके पुत्र को भी यह सम्मान मिलता रहा।

□

एक शोकजनक आपदा

नन्हे कलाम स्कूल जाते समय अपनी पारंपरिक गोल टोपी सिर पर पहनते थे उनके दूसरे मित्र अपनी पारंपरिक पोशाकों में स्कूल आते। उन दिनों स्कूल में कोई वरदी नहीं होती थी। उनके निकटतम मित्र ब्राह्मण परिवारों से थे और वे वैसे ही कपड़े पहनते थे, जैसी उन दिनों ब्राह्मणों की पोशाक थी। वे रामनाथ स्वामी मंदिर के पुरोहित पक्षी लक्ष्मण शास्त्री के पुत्र के साथ बैठते थे। सभी बच्चों को एक-दूसरे का साथ बहुत भाता था।

एक बार जब वे दोनों मित्र घर की ओर जाने लगे तो कलाम ने देखा कि स्कूल की ईंटोंवाली दीवार पर फूस का छाजन लगाकर छत बनाई गई थी। वह ढाँचा बहुत मजबूत नहीं था और सागर की ओर से आनेवाले तूफान उसे एक ही पल में धराशायी कर सकते थे। हालाँकि यह बात उनके दिमाग से निकल गई और वे दूसरी बातों पर चर्चा करने लगे, पर दोनों मित्रों को कहाँ पता था कि उनके लिए एक नई मुसीबत इंतजार कर रही थी।

स्कूल में सुविधाएँ बहुत नहीं थीं, परंतु सभी अध्यापक बड़ी लगन से बच्चों को पढ़ाते। कक्षा में पचास छात्रों के साथ समान रूप से बरताव किया जाता और उनकी ओर पूरा ध्यान दिया जाता। वे चाहते थे कि बच्चे केवल अंक लाने के लिए न पढ़ें, उनके भीतर शिक्षा के लिए अच्छी लगन भी पैदा होनी चाहिए। अगर कोई छात्र कक्षा में न आता तो शिक्षक स्वयं

उसके घर कारण पूछने चले जाते। प्रतिभाशाली छात्र से सभी प्यार करते और बड़े गर्व से दूसरों को भी उसके बारे में बताया जाता। इस तरह वह बालक सबका प्रिय बन जाता। नन्हे कलाम ने यह सीखा कि अच्छी शिक्षा का सुविधाओं, स्कूल की इमारत या विज्ञापन से कोई लेना-देना नहीं होता। यह शिक्षा देने के तरीके से संबंध रखती है। अध्यापक का रवैया ही सबसे अधिक मायने रखता है।

पर उस दिन कलाम के साथ-साथ सारी कक्षा ने भी एक कड़वा सबक सीखा। उस शहर में सभी धर्मों के लोग आपस में हिल-मिलकर रहते थे। नन्हे कलाम को एक नए शिक्षक के आने की सूचना मिली। एक छोटे स्कूल के लिए यह एक बड़ी खबर थी। यही बातें होने लगीं कि उनका स्वभाव कैसा होगा? क्या उन्हें स्कूल पसंद आएगा? क्या वे बच्चों को प्यार से पढ़ाएँगे? कक्षा में ब्राह्मण अध्यापक ने कदम रखा तो सभी बच्चे स्वागत के लिए खड़े हो गए।

उन्होंने सबको बैठने के लिए कहा और सारी कक्षा पर एक नजर दौड़ाई। अचानक उनकी नजर पिछली बेंचों पर गई। संभवत: उन्हें लगा होगा कि पिछली बेंचों पर नालायक बच्चे बैठते हैं, इसलिए उन्हें वहाँ विशेष ध्यान देना होगा। अचानक वे एक ब्राह्मण लड़के को मुसलिम छात्र के साथ बैठा देख बुरी तरह से चौंक गए। नहीं, ऐसा कैसे हो सकता था? उन्होंने अविश्वास से कलाम को ताकते हुए खड़ा किया और उसका नाम पूछा। नाम सुनते ही उन्हें यकीन हो गया कि वह एक मुसलमान था।

''अपना सामान उठाओ और पिछली कतार में चले जाओ।'' उन्होंने कड़े स्वर में कलाम से कहा।

नन्हे कलाम के मन में प्रतिरोध के स्वर उठे, पर वे कुछ नहीं कर सके। उनके लिए इस तरह कक्षा में सबके बीच पीछे जाने को कहना बहुत बड़ी बात थी। वे केवल स्कूल में ही नहीं, बल्कि सारे शहर में प्रतिभाशाली

छात्र के तौर पर जाने जाते थे। उन्होंने अपने साथ बैठे मित्र की ओर देखा तो पाया कि उसकी आँखें भी नम हो आई थीं। उनमें मजहब के नाम पर भेद डालने का प्रयास किया गया था दोनों बच्चों ने मन-ही-मन तय किया कि वे इसे संभव नहीं होने देंगे।

□

तीन महान् हृदयों ने सुलझाई समस्या

समस्याएँ तो सबके जीवन में आती हैं, अंतर इस बात से पड़ता है कि आप उनका समाधान कैसे करते हैं! कलाम अपमानित अनुभव कर रहे थे। उन्होंने घर आकर अपने अब्बा को सारी बात बताई।

अब्बा बुदबुदाए, ''अगर सारे समुदायों के बीच प्रेमभाव को बनाए रखना है तो इस घटना को यूँ ही स्वीकार नहीं किया जा सकता।''

जब वे अपने मित्रों के पास गए तो देखा कि उनके मित्र भी गुस्से में थे, क्योंकि रमणधन ने भी घर जाकर अपने पिता को सारी बात बता दी थी। यह देखकर कलाम के अब्बा के मन में अपने मित्र के लिए सम्मान और भी बढ़ गया। उनका यही भाईचारा तो विभिन्न धर्मों से होने के बावजूद मित्रों को एक सूत्र में बाँधता था। वे नहीं चाहते थे कि कोई भी धर्म के नाम पर उनके बीच फूट डालने की कोशिश करे।

वे तीनों इस घटना को सुनकर हैरान और दुःखी थे। उन्हें इस बात का दुःख अधिक था कि ऐसा बरताव एक अध्यापक की ओर से किया गया था, जिसका काम यही होता है कि वह अपनी शिक्षा से मन के बंद द्वार खोले। नया अध्यापक तो इसके उलट ही कर रहा था। वे तीनों बहुत अप्रसन्न थे।

उसी शाम उन्होंने उस शिक्षक को अपने पास बुलाया। दिन ढल रहा

था, पर उनके मन उजालों से भरे थे। उन्होंने उस शिक्षक को साफ शब्दों में समझा दिया कि वे अपने इलाके में धर्म के नाम पर होनेवाले इस भेदभाव की अनुमति नहीं देंगे। धर्म लोगों को अलग करने के लिए नहीं, बल्कि एक करने के लिए होता है। सांस्कृतिक बंधन सबको एक सूत्र में पिरोते हैं, उन्हें आपस में अलग नहीं करते। उन्होंने सौम्य शब्दों में उस शिक्षक को चेतावनी दे दी कि वह बच्चों के मन में धर्म के नाम पर भेदभाव पैदा न करे।

उस शिक्षक को अपनी भूल का अहसास हुआ। उसने सारी बात सुनने के बाद कहा, "मैं अपनी भूल स्वीकार करता हूँ। मैंने नहीं सोचा था कि मेरे ऐसा करने से इतने बुरे नतीजे सामने आ सकते हैं। मैं जिस समाज के बीच रहा, उसके नियम ही यहाँ लागू करने की कोशिश की; परंतु मैं गलत था। मैं आपसे क्षमा चाहता हूँ। आज के बाद ऐसा नहीं होगा।"

उस शिक्षक से पूरे सम्मान से बात की गई। वे उसको अपमानित नहीं करना चाहते थे और उन्होंने इस बात के दौरान इस बात का खास खयाल भी रखा। इस तरह सबको एक सबक मिला। अगर कुछ लोग मिलकर किसी बात पर एकमत हों और खुलकर मसले पर बात करें तो किसी भी मामले को प्यार से सुलझाया जा सकता है। उस समय तक भारत का संविधान नहीं बना था, पर फिर भी तीन महान् हृदयों ने उसी भावना के साथ समस्या को हल किया, जो संविधान में भी दी गई है।

□

विज्ञान के प्रति प्रेम

नन्हे कलाम के मन में विज्ञान के प्रति गहरा आकर्षण था। उनका बचपन ऐसे आध्यात्मिक माहौल में पला, जिसमें तीन धर्मों की मिली-जुली धारा प्रवाहित होती थी और इसके बावजूद सबकी निजता भी बरकरार रहती थी। जब वे आठवीं कक्षा में आए तो अपनी अरबी कक्षा के माध्यम से 'कुरान' की बहुत सारी बातों की जानकारी पा चुके थे। इसके अलावा उन्हें 'गीता' और 'बाइबिल' का ज्ञान भी हो चुका था। इस तरह वे भारत की अनूठी भूमि की उपज बन चुके थे। प्रगति करनी थी और यह विज्ञान के द्वारा ही संभव थी। वे विज्ञान की उच्च शिक्षा पाने के लिए साधन तलाशने लगे। वे छोटे शहर में उच्च शिक्षा नहीं पा सकते थे। अब उन्हें अपनी सीमाओं को पार कर किसी बड़े शहर में जाना था। जलालुद्दीन और शम्सुद्दीन ने उन्हें विभिन्न स्थानों पर मिलनेवाले अवसरों के बारे में अपनी ओर से जानकारी दी। इनमें से रामनाथपुरम शहर उनके निकट ही पड़ता था।

□

कलाम की अम्मी

नन्हे कलाम परिवार की दस संतानों में से एक थे, परंतु माँ आशियम्मा के लाडले थे। उनकी माँ शरीर से दुर्बल होने के बावजूद बहुत ही जीवटवाली महिला थीं। अब उन्हें नन्हे कलाम को उसकी अम्मी से अलग करना था। कलाम को उच्च शिक्षा के लिए बाहर जाना था। वे अम्मी के इतने दुलारे थे कि अकसर अपने हिस्से का भोजन भी उन्हें दे दिया करतीं। एक दिन कलाम ने पूछा, ''अम्मी, आप ऐसा क्यों करती हैं? आप कितनी कमजोर हैं और आपको भी तो घर में सारा दिन मेहनत करनी पड़ती है।''

अम्मी ने उन्हें गोद में खींचा और बाल सहलाते हुए बोलीं, ''मेरे बच्चे, तुम्हारी बढ़ने की उम्र है। तुम्हें सारा दिन कितने काम करने होते हैं। माँ को अपने बच्चे के लिए कुछ करने से खुशी ही मिलती है। तुम मेरी चिंता मत करो। अपना ध्यान रखा करो।''

नन्हे कलाम अब पहले जैसे खिलंदड़े स्वभाव के बालक नहीं रहे थे। वे देख सकते थे कि उनकी अम्मी को कितना परिश्रम करना पड़ता था। उनके अपने बच्चों के अलावा घर में अकसर रिश्तेदारों के बच्चे भी आ जाया करते और वे बिना किसी शिकायत के सबके लिए भोजन तैयार करतीं और घर के सारे कामकाज अपने हाथों से करतीं। अपने बच्चों की खुशी और अच्छी सेहत ही उनके लिए जीवन की सबसे बड़ी प्राथमिकता थी।

□

समुद्री पक्षी की उड़ान

नन्हे कलाम अपने सपनों को पूरा करने के लिए किसी बड़े स्कूल में शिक्षा प्राप्त करने जाना चाहते थे। इसके साथ ही उन्हें अपने परिवार का मोह भी खींच रहा था। उन्हें आगे आनेवाली चुनौतियों और संकटों से भय का अनुभव हो रहा था। इस तरह उनके लिए कुछ भी तय करना कठिन हो रहा था। उनके अब्बा ने कहा, ''कलाम, मैं जानता हूँ, तुम्हें बड़ा इनसान बनने के लिए हमसे दूर जाना ही होगा। क्या ये समुद्री पक्षी अकेले, बिना किसी सहारे के सूरज तक लंबी उड़ान नहीं भरते? तुम्हें भी उन अनजान जगहों पर जाने का साहस सँजोना होगा, जहाँ जाकर तुम अपने सारे सपने साकार कर सकते हो। हमारा प्यार तुम्हारी बाधा नहीं बनेगा और न ही हमारी जरूरतें तुम्हारा रास्ता रोकेंगी।''

नन्हे कलाम के अब्बा ने अपनी पत्नी से कहा, ''खलील जिब्रान ने कहा है कि तुम्हारी संतानें तुम्हारी अपनी संतानें नहीं हैं। ये तो जीवन के पुत्र और पुत्रियाँ हैं, जिन्हें जीवन अपने लिए चाहता है। वे तुम्हारे माध्यम से धरती पर आए हैं, परंतु वे तुम्हारे नहीं हैं। तुम उन्हें अपना प्रेम दे सकते हो, परंतु अपनी सोच नहीं दे सकते। उनके पास अपनी सोच और विचार हैं।''

□

रेलवे स्टेशन पर मिला सबक

कलाम स्टेशन पर गाड़ी के आने की प्रतीक्षा में थे। अब्बा रामनाथपुरम के श्वाट्र्ज हाई स्कूल में उनका दाखिला करवाने जा रहे थे। जब उन्हें गाड़ी का स्वर सुनाई दिया तो वे पुत्र का कंधा थपथपाकर बोले, ''इस टापू पर भले ही तुम्हारे शरीर का घर हो, परंतु यह तुम्हारी आत्मा का घर नहीं है। तुम्हारी आत्मा आनेवाले कल के घर में निवास करती है, जहाँ रामेश्वरम् में से, हममें से कोई नहीं जा सकता। हम अपने सपनों में भी नहीं जा सकते। अल्लाह, तुम पर अपनी मेहर रखे, मेरे बच्चे!''

यह नन्हे कलाम के लिए जीवन का एक सबक था। उन्हें अपने लिए रास्ता खुद बनाना था। उन्हें अपने काम से अपना भाग्य खुद बनाना था और उन्हें अपने परिवार, अपने नगर, अपने देश और सारे संसार का सिरमौर बनना था।

□

बहन जोहरा

घर में इतने सारे बच्चे थे, इसलिए वे कभी बोर नहीं होते थे। वे आपस में मिलकर ही कुछ-न-कुछ खेलते रहते। वे आपस में लड़ते भी थे, पर थोड़ी ही देर में किसी नए खेल का नाम आते ही सारे फिर से मिलकर खेलने लगते। नन्हे कलाम को अम्मी के बाद अपनी बहन जोहरा से सबसे अधिक लगाव था। वे घर के बड़े बच्चों में से थीं। उन्होंने पढ़ाई भी की थी, पर अब वे घर के कामकाज में अम्मी का हाथ बँटाती थीं। वे अम्मी के साथ मिलकर सारे बच्चों के अच्छे भोजन और रख-रखाव के प्रबंध के लिए मेहनत करतीं।

नन्हे कलाम घर के दूसरे बच्चों की तरह नटखट नहीं थे। वे अकसर अपनी पुस्तकों के साथ घर के किसी कोने में दुबके दिखाई देते। यदि वे कुछ नहीं कर रहे होते तो अकेले बैठे अपने आनेवाले जीवन के सपनों में मग्न रहते। जोहरा ध्यान रखतीं कि कोई उन्हें परेशान न करे।

आनेवाले समय में जोहरा ने नन्हे कलाम के जीवन की बहुत बड़ी समस्याओं को हल किया।

□

नन्हे कलाम की शहर-यात्रा

आठवीं कक्षा तक रामेश्वरम में ही पढ़ने के बाद कलाम शहर रवाना हुए। अब उनके प्रश्नों के उत्तर उस छोटे शहर से नहीं मिल सकते थे। उनके अब्बा पहचान गए थे कि उनके पुत्र की प्रतिभा को छोटे शहर में नहीं बाँधा जा सकता। इस तरह उन्हें रामनाथपुरम के बड़े स्कूल में भेजा गया। उसका नाम था, 'श्वाट्र्ज हायर सेकंडरी स्कूल'।

यह शहर उनके शहर से कई मायनों में अलग था। स्कूल का माहौल भी उन्हें बहुत अजीब लगा; पर वे एक मिशन के साथ आए थे। उन्हें अपने परिवार और मित्रों के लिए बेहतर भविष्य बनाना था, इसलिए वे मन लगाकर पढ़ने लगे।

उनके पिछले स्कूल में तो सारे छात्र जैसे एक ही परिवार का हिस्सा थे। यह शहर तेजी से प्रगति कर रहा था, यहाँ आपसी एकता और सामाजिक सद्भाव का अभाव था। उन्हें इस माहौल में थोड़ी कठिनाई हुई, पर यह भी उनके लिए एक सबक था। अगर आपको प्रगति करनी है तो हालात को अपने अनुसार ढालो या फिर खुद को हालात के हवाले कर दो। वे अभी हालात को अपने वश में करने की स्थिति में नहीं थे, इसलिए स्वयं को उस माहौल में प्रवाहित कर दिया। अगर उन्हें अपने अब्बा की उम्मीदों पर खरा उतरना था तो हर बाधा को सहन करना जरूरी भी था। □

एक उपहार

उनके अब्बा धार्मिक प्रकृति के व्यक्ति थे। वे एक गुणी व्यक्ति थे। जब पंचायत बोर्ड के चुनाव हुए तो वे एक सदस्य चुने गए और पहली कौंसिल में उन्हें रामेश्वरम् पंचायत बोर्ड का सभापति चुना गया। वे किसी खास धर्म या बोली बोलने के कारण इस पद के लिए नहीं चुने गए थे। उन्हें उनकी मानवीय विशेषताओं के कारण यह पद सौंपा गया था। नन्हे कलाम को थोड़े कठिन रूप में अपने अब्बा के इन गुणों का परिचय मिला; किंतु वे सबक आजीवन उनके साथ बने रहे।

वे सर्दी के अवकाश में अपने घर आए। वे दोपहर को कोई पुस्तक पढ़ रहे थे, तभी दरवाजे पर कोई अजनबी आता दिखा। उसने हाथ में कुछ पकड़ा हुआ था। वे उठे और उन्हें सलाम किया।

अजनबी ने पूछा, ''तुम्हारे अब्बा कहाँ हैं?''

''वे नमाज पढ़ने गए हैं।'' कलाम ने बताया।

''मुझे देर हो रही है। यह पैकेट उनके लिए छोड़े जा रहा हूँ। जब वे आएँ तो तुम उन्हें दे देना।''

''आप थोड़ा ठहरें। मैं इस बारे में पहले अम्मी से पूछ लेता हूँ।'' कलाम ने उन्हें बैठने का संकेत किया।

जब वे अम्मी से पूछने गए तो वे भी इबादत में थीं। वे बाहर आकर बोले, ''अगर आपको वाकई देर हो रही है तो आप इसे यहीं छोड़ दें। मैं अब्बा को दे दूँगा।''

वह व्यक्ति पैकेट रखकर लौट गया और कलाम ने किताब में मन रमाया। अब्बा ने आकर पैकेट देखा तो उसके बारे में पूछा, ''यह क्या है? इसे कौन लाया?''

''कोई इसे आपके लिए छोड़ गया है।'' कलाम ने कहा।

''वह कौन था?''

''उसने अपना नाम तो नहीं बताया और न ही मैंने पूछा।'' कलाम को अपनी भूल का अहसास हो रहा था।

अब्बा एकदम क्रुद्ध हो गए। उन्होंने गुस्से में ही बेंत से अपने पुत्र की पिटाई कर दी। जीवन में ऐसे बहुत कम अवसर आए, जब उन्हें अपने बेटे पर हाथ उठाना पड़ा। अम्मी ने किसी तरह कलाम को बचाया।

कलाम को अब भी अपनी गलती पूरी तरह से समझ नहीं आ रही थी। जब अब्बा का गुस्सा शांत हुआ तो उन्होंने कलाम को पास बिठाया और उसके कंधे पर हाथ रखकर बोले, ''बेटा, किसी से इस तरह उपहार लेने से हम उसके अहसान तले दब जाते हैं। इस तरह मुझे वही करना होगा, जो वह मुझसे करवाना चाहेगा। वह आदमी एक दिन आकर अपने उपहार का हवाला अवश्य देगा। फिर कुछ ऐसा करवाना चाहेगा, जिसके लिए शायद वह हकदार न हो। इस तरह मेरे लिए उलझन पैदा हो जाएगी।''

नन्हे कलाम को अब समझ आया कि इस तरह उपहार लेना क्यों गलत था। उसके पिता ने हदीस की कुछ पंक्तियों को दोहराया, ''जब अल्लाह आपको आला पद देता है तो वह आपका खयाल रखता है। अगर आप उससे भी अधिक चाहते हैं तो यह गैर-कानूनी लाभ होगा। अगर किसी मंशा के साथ उपहार दिया जाए तो वह एक जहरीले साँप की तरह होता है। अगर तुम उसे हाथ लगाओगे तो वह तुम्हारी सोच को गिरा देगा।''

नन्हे कलाम भी जीवन में सर्वोच्च पद तक आए, पर उन्होंने अपने अब्बा से मिली इस सीख को हमेशा याद रखा।

□

नन्हे कलाम को घर की याद सताई

नन्हे कलाम रामनाथपुरम के श्वाट्र्ज स्कूल में पढ़ रहे थे। उन्होंने पहली बार रामेश्वरम् नगर की सीमा से बाहर कदम रखा था। वे एक अलग शहर के बड़े स्कूल में पढ़ना चाहते थे और उनकी इच्छा जानकर अहमद जलालुद्दीन ने यह सारी व्यवस्था कर दी। वे उन्हें रामनाथपुरम तक छोड़ने भी आए।

जब शम्सुद्दीन घर लौटने की तैयारी कर रहे थे तो नन्हे कलाम ने कहा, ''यह बड़ी मजेदार और अजीब सी जगह है।''

''हाँ, परिवर्तन प्रकृति का नियम है। यही जीवन का नियम है। अगर सबकुछ हमेशा एक सा रहे तो जीवन सड़ने लगेगा। तुम पानी को ठहरने की इजाजत नहीं दे सकते। अगर इसे ताजा बने रहना है तो इसे बहना ही होगा। अब तक तुम सागर के निकट रहते आए हो। तुमने सागर को हमेशा बहते देखा है। तुम भी सागर के जल की तरह हो। तुम्हें भी लगातार चलना होगा।'' उन्होंने एक दार्शनिक की तरह जवाब दिया।

''हाँ, यह तो जानता हूँ; पर मुझे मेरे परिवार, मेरे परिवार के माहौल, अम्मी और उनके हाथ के बने भोजन की बहुत याद आएगी।'' नन्हे कलाम ने गंभीरता से कहा।

''परिवार में तो तुम्हारी जड़ें बसी हैं। तुम्हें अपने जीवन के किसी भी मोड़ पर परिवार को नहीं भुलाना चाहिए। पर तुम्हें खुद को यकीन दिलाना होगा कि तुम उनके भले के लिए ही उनसे दूर हो। तुम्हें अपने भावों को वश में करना होगा, ताकि बेहतर शिक्षा पाने के सपने को पूरा कर सको।''

नन्हे कलाम ने इस बात से एक सबक सीखा। जब भी उन्हें घर की याद आती तो वे इन्हीं शब्दों को दोहराते। उन्हें इनसे साहस और प्रेरणा मिलती थी। उन्हें बोर्डिंग स्कूल में भी अपने भावों को वश में रखना सीखना पड़ा।

□

पठन-पाठन की आदत का अभ्यास

नन्हे कलाम का स्वभाव संकोची था। वे दूसरे लड़कों से केवल उतनी बात करते, जितनी आवश्यक होती। उन्हें अपने खाली वक्त को बिताने के लिए कोई साथी चाहिए था और उन्होंने किताबों को अपना साथी चुना।

जल्दी ही उनका संपर्क क्रांतिकारी राष्ट्रवादी एस.टी.आर. मणिक्कम से हुआ, जिनके घर में एक विशाल पुस्तकालय था। उन्हें नन्हे कलाम को किताबें देना अच्छा लगता था, क्योंकि वे पढ़ने के शौकीन थे। वहीं कलाम को कुछ बहुत प्रेरक पुस्तकें पढ़ने का अवसर मिला। उन्होंने एक उल्लेखनीय अमेरिकी लेखक, नेपोलियन हिल की पुस्तक 'द लॉ ऑफ सक्सेस' वहीं पढ़ी। उस पुस्तक में लिखा था कि यदि मन किसी बात पर विश्वास कर ले तो वह उसे किसी भी दशा में प्राप्त कर सकता है। यह मंत्र आजीवन कलाम के साथ रहा। दिन-ब-दिन उनका पुस्तक-प्रेम बढ़ता ही चला गया।

□

मार्गदर्शक और सहयोग

नन्हे कलाम को जलालुद्दीन के रूप में एक मार्गदर्शक मिले, जिन्होंने हमेशा उन्हें प्रोत्साहित करते हुए मार्गदर्शन दिया। वे सदा उनके प्रश्नों के सटीक उत्तर दिया करते। घर में उन्हें अपनी बहन जोहरा से पूरा सहयोग मिलता। जब कलाम स्कूल में थे तो जोहरा और जलालुद्दीन अपनी गृहस्थी सँभालने के अलावा कलाम के सपनों को साकार करने के लिए भी पूरा सहयोग दे रहे थे।

नन्हे कलाम बड़े हो रहे थे। प्रश्न अब भी समाप्त नहीं हुए, पर पहले से उनका रूप बदल गया था। वे एक इंजीनियर बनना चाहते थे, इसलिए वे मद्रास (चेन्नई) के एम.आई.टी. में दाखिला पाना चाहते थे। धन का अभाव बहुत बड़ी समस्या था। उनके पिता का घर अब भी नाव के कारोबार पर टिका था और एम.आई.टी. में 600 रुपए फीस थी। उन दिनों के हिसाब से यह कोई छोटी धनराशि नहीं थी।

तभी उनके मार्गदर्शक अपनी मदद के साथ सामने आए।

नन्हे कलाम के पास आकर उनकी बहन जोहरा बोलीं, ''अब तुम क्या करना चाहते हो? मैं चाहती हूँ कि तुम किसी ऊँचे ओहदे पर जाओ।''

''मैं एक इंजीनियर या फाइटर पायलट बनना चाहता हूँ।'' वे बोले।

''तो ठीक है, जाओ, बनो।'' बहन ने कहा।

''कैसे? मैं इतनी फीस कहाँ से ला सकता हूँ? इतना पैसा कहाँ से आएगा?''

‘‘हम अपनी ओर से कमी नहीं आने देंगे। मैं अपने गहने गिरवी रख दूँगी।’’

‘‘मैं आपको ऐसा नहीं करने दे सकता। हम लोग मुश्किल हालात से गुजर रहे हैं। आपका सोना आपके लिए ऐसी धरोहर है, जो कठिन समय में आपके काम आ सकती है। आपका अपना परिवार है और आपको पहले उसके बारे में सोचना चाहिए।’’

‘‘तुम इस बारे में चिंता मत करो। अल्लाह पर भरोसा रखो। सब ठीक हो जाएगा।’’ जोहरा ने भाई का गाल थपथपा दिया।

उन्होंने अपने गहने गिरवी रखे और छोटे भाई की फीस का इंतजाम कर दिया। भाई ने भी उन्हें निराश नहीं किया। उन्होंने कड़ी मेहनत की और अपनी बहन के विश्वास को टूटने नहीं दिया। उन्होंने कड़ी मेहनत से पढ़ाई की और छात्रवृत्ति पाने में सफल रहे।

जोहरा कलाम के लिए प्रेरणा का स्रोत थीं। वे पहले अपने माता-पिता, पति, बच्चों और भाई-बहनों के बारे में सोचती थीं और सबसे आखिर में उन्हें अपना खयाल आता था। वे दूसरों की कामयाबी को ही अपनी कामयाबी मानती थीं। उन्होंने नन्हे कलाम को जीवन का एक सबक दिया, ‘निस्स्वार्थ भाव से दूसरों की सेवा करो, तुम पर अल्लाह की मेहर बनी रहेगी।’

□

कलाम का शाकाहार

नन्हे कलाम एम.आई.टी. में पढ़ रहे थे और पैसे का अभाव था। घर में वे अकसर मांसाहार करते थे, पर उन्हें भी यह पता था कि उनके अब्बा के पास खुले खर्च के लिए पैसा नहीं था। वे अपने परिवार पर अतिरिक्त भार नहीं डालना चाहते थे। वे छात्रवृत्ति के लिए कड़ी मेहनत कर रहे थे, इसलिए अच्छे पोषण की भी आवश्यकता थी, पर उन्हें लगा कि कम पैसों में मांसाहार करना संभव नहीं है। उन्होंने स्वयं से कहा, 'मुझे शाकाहार करना चाहिए, यह सस्ता पड़ेगा और चार पैसे बचाने में आसानी होगी।'

पहली बार मेस में ऐसा खाना देखकर अजीब लगा, पर वे उसे खाते रहे। धीरे-धीरे उन्हें उसमें स्वाद आने लगा। इसके बाद तो वे आजीवन शाकाहारी ही बने रहे। हमें उनके जीवन से ऐसे बहुत से प्रसंग मिलते हैं, जहाँ उन्होंने सादे शाकाहारी भोजन को महत्त्व दिया। वे पटना में इंस्पेक्टर के बँगले में रह रहे थे; नाश्ते में रसोइए ने उनके आगे बटर टोस्ट रखे।

डॉ. कलाम बोले, ''क्या तुम्हारे पास कुछ खाने लायक नहीं है? मुझे अंग्रेजी नाश्ता नहीं बल्कि सादा और स्वादिष्ट भारतीय नाश्ता

चाहिए।'' रसोइया उनके लिए दाल और चावल उबाल लाया, जिसे उन्होंने बहुत स्वाद से खाया।

नन्हे कलाम आजीवन शाकाहारी ही बने रहे। □

नन्हे कलाम ने लिखा निबंध

कलाम को पढ़ना बहुत पसंद था। उन्हें अहसास हुआ कि केवल पढ़ने से ही वे अपने विचारों को तार्किक रूप से नहीं पिरो सकते। उनके प्रोफेसर ने भी उन्हें लिखने की सलाह दी।

''जो भी अच्छा लगे, लिखो। इस तरह तुम्हें अपने विचारों को आकार देना और अपने मस्तिष्क को दृढता प्रदान करना आ जाएगा।''

पहले-पहल जब कुछ समझ नहीं आया तो वे अपनी रोजमर्रा की बातों और घटनाओं के बारे में लिखने लगे और धीरे-धीरे उससे ऊपर उठ गए। वे लिखे हुए पन्नों को सँभालते नहीं थे; पर उन्हें पता लग रहा था कि इस लेखन से उन्हें लाभ हो रहा था। वे अपनी कक्षा का काम कहीं बेहतर गति से कर सकते थे। अब उन्हें विचारों, मतों और धारणाओं को लिखने में आनंद आने लगा था।

एक बार कक्षा में किसी भी विषय पर निबंध लिखकर जमा करवाना था। वे भी किसी ऐसे विषय पर लिखना चाहते थे, जो कभी किसी ने न चुना हो। वे सदा से एक लड़ाकू विमान चालक बनना चाहते थे, इसलिए उन्होंने विषय चुना—'चलो, अपना विमान स्वयं बनाएँ'। उस समय भारत अपने विमान स्वयं नहीं बनाता था। वह औद्योगिक, वैज्ञानिक और तकनीकी

रूप से इस क्षेत्र में पिछड़ा हुआ था। इस विषय पर निबंध लिखने से उन्हें अपने भीतरी मन की झलक मिली। उन्होंने उसे तमिल भाषा में लिखा और आश्चर्यजनक बात यह भी रही कि उन्हें उसके लिए साहित्यिक पुरस्कार भी प्रदान किया गया।

□

नन्हे कलाम और माँ के हाथ के पकवान

कलाम को अकसर घर की इतनी याद आती कि उन्हें लगता कि उन्हें अपने परिवार के साथ रहना चाहिए; परंतु इसके साथ ही उन्हें अपनी अम्मी के हाथ से बने भोजन की भी याद आती थी। वे अपनी अम्मी के हाथ से बने साँभर के बहुत शौकीन थे। वे उस साँभर को ऐसे पकाती थीं कि उसमें डाली गई हर सब्जी और मसाले का स्वाद पता चलता था। उन्हें अम्मी के हाथों की बनी दक्षिण भारतीय मिठाई 'पोली' भी बहुत भाती थी। अम्मी उसे बारह तरह के स्वादों में बनाना जानती थीं। उनमें से हर स्वाद मुँह में पानी ला देता था। पहले-पहल तो वे घर जाने का कोई मौका नहीं छोड़ते थे, पर धीरे-धीरे पढ़ाई में बाधा आने के कारण उनका रामेश्वरम् जाना कम होने लगा।

इसके अलावा, उन्हें यह अहसास भी था कि पूरा परिवार उनसे उम्मीदें रखता था, जिन्हें वे अपनी कड़ी मेहनत से ही पूरा कर सकते थे। वे चाहते थे कि अपनी कड़ी मेहनत के बल पर परिवार की सारी इच्छाओं को पूरा कर दें।

□

छात्र कलाम असफल हो गए

वे एम.आई.टी. में एयरोनॉटिक्स की पढ़ाई कर रहे थे, ताकि इंजीनियर बनने के सपने को साकार कर सकें। उन्होंने कड़ा परिश्रम किया। एक बार उनके डिजाइन शिक्षक, प्रो. श्रीनिवासन ने चार-चार छात्रों को निम्न स्तरीय हमला करनेवाले विमान की परियोजना तैयार करने को कहा। कलाम की टीम को 'एयरोडायनेमिक्स' का नमूना तैयार करना था। कुछ दिन बाद प्रोफेसर ने उनकी काम की प्रगति जाननी चाही। सारे छात्र अपने प्रोफेसरों को प्रभावित करने के लिए दिन-रात काम कर रहे थे। कुछ दिन बाद प्रोफेसर ने उनके काम को देखकर बताया कि वह उन्हें पसंद नहीं आ रहा था।

प्रोफेसर की ओर से उनके काम की बुराई जारी रही। वे काम को देखकर बोले, ''यह उतना अच्छा नहीं है। मैं तुमसे और बेहतर काम की उम्मीद रखता हूँ।''

कलाम तो हमेशा से ही स्टार छात्र रहे थे। ऐसी बात सुनकर उनके दिल को ठेस लगी। वे वहाँ लज्जित होकर खड़े रह गए।

प्रोफेसर बोले, ''तुम्हें यह डिजाइन फिर से तैयार करना होगा। तुम्हारे पास इसे बनाने के लिए केवल तीन दिन का समय है। अगर तुम सफल नहीं हुए तो तुम्हें छात्रवृत्ति नहीं दी जाएगी।''

कलाम के लिए उनकी छात्रवृत्ति बहुत मायने रखती थी। उसके बल पर ही वे इंजीनियरिंग की पढ़ाई पूरी कर सकते थे। उनके सारे सपने बिखर-से गए। उन्हें ऐसा लगने लगा मानो वे कुछ समझ ही न पा रहे हों। तब उन्हें अपने बहनोई जलालुद्दीन के शब्द याद आए। उन्होंने कहा था, "जीवन में जब भी मायूसी घेर ले तो बचाव का सबसे बेहतर तरीका यही होगा कि तुम अपने आपको काम में झोंक दो।"

उन्होंने भी यही किया। अपनी सारी परियोजना पर नए सिरे से सोचा और जल्दी ही अपने मिशन पर जुट गए। दो ही दिन में बुनियादी डिजाइन बनाया और तीसरे दिन वे उसे पूरा करने में व्यस्त रहे। वे अपनी मेज पर काम में मग्न थे। अचानक किसी के आने की आहट सुनी तो देखा कि प्रो. श्रीनिवासन उनके सामने खड़े थे।

कलाम यही सोच रहे थे कि प्रो. श्रीनिवासन क्या कहेंगे! अभी तीन दिन का समय पूरा नहीं हुआ था। प्रोफेसर ने काम को गौर से देखा और फिर उन्हें बाँहों में भरते हुए कहा, "तुम सही दिशा में जा रहे हो।"

"धन्यवाद, सर!" कलाम ने चैन की साँस लेते हुए कहा।

"मैंने तुम्हारे आगे एक असंभव डेडलाइन रखी थी, पर तुमने इतने कम समय में ही बढ़िया काम कर दिखाया। मैं तुम्हारी काम करने की क्षमता बढ़ाना चाहता था, ताकि तुम्हें भी अपनी योग्यता का परिचय मिल सके।" प्रो. श्रीनिवासन ने कहा।

इस घटना से दो सबक मिले। एक शिक्षक की मदद से बच्चा अपने काम को बेहतर तरीके से करना सीख सकता है, क्योंकि केवल वही जानते हैं कि बच्चे पर कब दबाव दिया जाना चाहिए और कब नहीं दिया जाना चाहिए।

कलाम बाद के वर्षों में अपने अध्यापन कॅरियर के दौरान इस अभ्यास का पालन करते थे। दूसरे पाठ के अनुसार कोई भी डेडलाइन असंभव नहीं होती। अगर आप अपने काम और महत्त्वाकांक्षा के लिए वचनबद्ध

हों तो कोई भी लक्ष्य आपकी पहुँच से दूर नहीं हो सकता। कलाम ने आगे चलकर एक रॉकेट-विज्ञानी के रूप में उपलब्ध साधनों और समय के दौरान मिसाइलें यानी प्रक्षेपास्त्र बनाए और उन्हें निर्धारित समय में लॉञ्च करने में भी सफल रहे।

□

विवाह
प्रस्ताव

विवाह न करने का संकल्प

आजकल विवाह के लिए कानून की ओर से आयु तय कर दी गई है। एक निश्चित आयु से पहले बालक-बालिकाओं का विवाह नहीं किया जा सकता। हालाँकि, डॉ. कलाम जब अभी छोटे ही थे तो बाल-विवाह हुआ करते थे। इसी रिवाज के मुताबिक उनके लिए शिवगंगा नामक स्थान से विवाह का एक प्रस्ताव आया। जब उन्हें इस बारे में पता चला तो उन्होंने अकेले में जाकर स्वयं से पूछा, 'मैं अपने जीवन में क्या चाहता हूँ? क्या विवाह लक्ष्य पाने में मेरा सहायक होगा या यह मेरे रास्ते की बाधा बनेगा?'

उन्होंने इस बारे में गंभीरता से सोचा और यह तय कर लिया कि वे अपने लक्ष्य या महत्त्वाकांक्षा को विवाह के लिए बलिदान नहीं कर सकते। उन्होंने मन-ही-मन सोचा कि दूसरों को इस बारे में कैसे बताया जाए? अपने भीतर से जवाब आया, 'ऐसा करने के दो तरीके हो सकते हैं। विवाह प्रस्ताव को टाल दिया जाए या अभी इस विचार को हमेशा के लिए अस्वीकृत कर दिया जाए।'

उन्होंने काफी सोच-विचार के बाद तय किया कि वे आजीवन विवाह नहीं करेंगे। उन्होंने सबको इस बारे में बता दिया और हमेशा अपने इस निर्णय पर अटल रहे।

□

नन्हा कलाम और आध्यात्मिकता

कलाम आरंभ से ही आध्यात्मिकता के वातावरण में पले-बढ़े थे। उनके पिता जैनुलाबदीन भी एक धार्मिक व्यक्ति थे। वे स्वयं कभी नमाज का नागा नहीं करते थे और न ही अपने बच्चों को ऐसा करने देते। वे अपनी जिज्ञासा को शांत करने के लिए पवित्र धार्मिक ग्रंथ का सहारा लेते और उन्हें अपने प्रश्नों के उत्तर मिल जाते। उनके लिए आध्यात्मिकता केवल धर्म से नहीं जुड़ी थी, वह उनके पूरे जीवन का हिस्सा थी।

कलाम का जन्म मंदिरों के नगर में हुआ, जहाँ हजारों-लाखों तीर्थयात्रियों के आगमन से आध्यात्मिकता की लहर प्रवाहित होती थी। जब वे तीर्थयात्रियों वाली नाव में सवार होते तो अनेक पौराणिक गाथाओं और प्रसंगों को सुनने का मौका मिलता। हिंदू और मुसलिम धर्म की मिली-जुली विचारधारा के बीच पले कलाम को ईसाई धर्म की जानकारी भी बचपन से ही मिली। फादर बोडल उनके अब्बा के मित्र थे। वे अकसर मिलकर आध्यात्मिकता सहित दुनिया के विविध विषयों पर चर्चा करते। उनके लिए धर्म एक ऐसा बल था, जो सबको एकता के सूत्र में बाँधता है, जिसे चाहकर भी अलग नहीं किया जा सकता। उनके पिता के एक और मित्र थे—पक्षी लक्ष्मण शास्त्री, जो अकसर उन्हें हिंदू देवी-देवताओं की रोचक कहानियाँ सुनाया करते।

कलाम का बचपन इन सभी प्रभावों के बीच पला-बढ़ा और जब

वे दूसरे शहरों में गए तो यह सोच उनके साथ ही बनी रही। उन्हें जब भी अवसर मिलता, वे धर्म और अध्यात्म से जुड़े विद्वानों से चर्चा करते। उन्होंने पाया कि ये सभी धर्म उस एक सत्य, उसी परमात्मा और शिक्षा को पाने के अलग-अलग मार्ग थे। वे चाहते थे कि सभी व्यक्तियों को इस बात का अहसास हो।

□

एक महत्त्वपूर्ण पाठ

नन्हे कलाम को आगे की पढ़ाई के लिए अपना शहर छोड़कर जाना था। उसी समय उनके अब्बा ने अपने सारे बच्चों को बुलाकर कहा, ''भले ही तुम अपने लिए साफ-सुथरी नौकरियों की तलाश करो; परंतु यह माटी, यह धरती ही हमारी लंबी आयु और परंपराओं को जीवित रखती है।''

नन्हे कलाम और उनके भाई-बहन अब्बा की बात का मतलब नहीं समझे। अब्बा ने आगे समझाया, ''जो लोग महँगी आदतों के बीच जीते हैं, वे एक या दो पीढ़ियों तक समृद्ध होकर जी सकते हैं। जो लोग मेहनती और उद्योगशील हैं; जैसे व्यापारी आदि—वे तीन या चार पीढ़ियों तक भरपूर जीवन जी सकते हैं; जो लोग सादा आदतों के साथ जीते हैं, वे पाँच या छह पीढ़ियों तक बने रह सकते हैं; परंतु उन्हीं व्यक्तियों को दीर्घायु होने का सौभाग्य मिलेगा, जो अपने परिवारों, घर के बड़ों, पूर्वजों व मित्रों के प्रति सच्चे और आदरपूर्ण बने रहेंगे।''

नन्हे कलाम ने उस दिन सीखा कि उन्हें कभी किसी के साथ अशिष्टता या निर्दयता से पेश नहीं आना चाहिए।

□

अचानक मिला सम्मान

नन्हे कलाम के लिए एम.आई.टी. में अंतिम दिन था। उन्होंने सारे विषयों को बहुत अच्छे अंकों से पास किया। उनके सारे सहपाठी और प्रोफेसर विदा समूह चित्र के लिए खड़े हो रहे थे। सारे टीचर आगे की पंक्तियों में बैठे थे और छात्रों को उनके पीछे की पंक्तियों में खड़ा होना था। कैमरामैन ने अपनी ओर से सारी तैयारी कर ली। ज्यों ही वह चित्र खींचने लगा तो अचानक प्रोफेसर स्पांडर उठ खड़े हुए और बोले, ''एक मिनट ठहरिए।''

वे बहुत ही विद्वान् और छात्र प्रेमी अध्यापक के तौर पर जाने जाते थे। वे बोले, ''क्षमा करें।'' फिर उन्होंने पिछली पंक्तियों पर नजर मारी और कलाम को अंतिम पंक्ति में खड़ा पाया। वे बोले, ''कलाम, मेरे साथ आकर बैठो। तुम मेरे सबसे प्रिय छात्र रहे हो और मुझे पूरा विश्वास है कि आनेवाले समय में तुम हमारा और हमारे संस्थान का नाम रोशन करोगे। तुम इस सम्मान के अधिकारी हो। ईश्वर सदा तुम्हारे सहायक हों।''

नन्हे कलाम ने आगे आने के लिए जगह बनाई तो सभी प्रोफेसरों ने तालियों की गड़गड़ाहट के बीच उनका स्वागत किया।

समूह-चित्र के बाद शिक्षक ने कलाम से कहा, ''कलाम, आज से

बाहरी दुनिया की यात्रा आरंभ होती है। इसे इस तरह निभाना कि सभी तुम पर गर्व कर सकें।''

कलाम ने मीठी सी मुसकान के साथ हामी भरी। उन्हें पूरा विश्वास था कि उनके अध्यापकों का आशीर्वाद सदा उनका साथ निभाता रहेगा।

□

कलाम फिर हुए नाकामयाब

हालाँकि अब कलाम छोटे बालक नहीं रहे थे। वे इंजीनियरिंग का कोर्स कर चुके थे, पर हम उन्हें उनके मासूस और कौतूहल से भरे मस्तिष्क और सोच के कारण नन्हा ही कहते रहेंगे। वह वर्ष 1957 का समय था। भारत में समस्या यही रहती है कि व्यक्ति यह तय नहीं कर पाता कि उसे अपने चुने हुए कॅरियर में सफलता मिलेगी या नहीं, इसलिए उसे अपने लिए कई तरह के विकल्पों पर विचार करना होता है। कलाम फाइटर पायलट बनना चाहते थे; पर वे केवल उसके भरोसे नहीं रह सकते थे, इसलिए उन्होंने इंजीनियर के पद के लिए सरकारी आवेदन भी कर दिया। वे दिल्ली में इंटरव्यू के लिए आए और फिर उन्हें इंडियन एयर फोर्स में पायलट के टेस्ट के लिए देहरादून जाना था। उन्होंने आरंभिक परीक्षाओं को पास किया और उसके बाद होनेवाले ग्रुप टेस्ट एवं परीक्षा के लिए भी बहुत तैयारी की। वे मैरिट सूची में नौवें स्थान पर आए, जबकि केवल आठ ही पद रिक्त थे। वे बहुत उदास और निराश हो गए। वे आध्यात्मिकता के बीच मन को दिलासा देना चाहते थे, इसलिए वे ऋषिकेश में स्वामी शिवानंद के पास चले गए। वे उनसे बोले, ''इस असफलता को भुला दो। आपको सच्चे पथ पर ले जाने के लिए ऐसा होना अनिवार्य था।''

नन्हे कलाम को इस असफलता से भी एक सबक मिला। किस्मत ही आपके जीवन को आकार देती है, पर आपको इसके लिए मेहनत करनी

होती है। महान् तपस्वी के वे शब्द उनके कानों में गूँज रहे थे—'गीता' हमें कर्म करने का संदेश देती है। कर्म करना हमारे अधिकार में है, पर हम फल पर अपना अधिकार नहीं रखते।

और वे शब्द सत्य निकले। जब वे वापस आए तो पता चला कि उन्हें इंजीनियर के पद पर सरकारी नियुक्ति मिल गई थी। इसके बाद वे उस पथ पर चल दिए, जिस पर चलने के बाद वे एक जाने-माने वैज्ञानिक बने। एक ऐसे वैज्ञानिक, जिन्होंने रॉकेट और मिसाइल बनाए और फिर भारत के राष्ट्रपति पद तक पहुँचे। वे एक ऐसा व्यक्तित्व बने, जिन्हें आज उनके देहावसान के बाद भी सारी दुनिया द्वारा सराहा जाता है।

□

नन्हे कलाम की सफलता का श्रेय

एक बार डॉ. कलाम से किसी ने पूछा कि वे अपनी सफलता का श्रेय किसे देते हैं ? वे बोले, ''मैं अपनी सफलता का सारा श्रेय अपने उन अध्यापकों को देना चाहता हूँ, जिन्होंने जीवन के हर मोड़ पर मुझे दिशा दी, मेरा मार्गदर्शन किया।''

यहाँ हम उनके जीवन की कुछ घटनाओं का ब्योरा दे रहे हैं—

स्नेही अध्यापक

रेवरेंड फादर सिक्विरा उन्हें अंग्रेजी पढ़ाते थे, परंतु नन्हे कलाम को अंग्रेजी माध्यम से पढ़ाई करने में कठिनाई हो रही थी। उन्होंने फादर से पूछा, ''मैं अंग्रेजी में निपुणता कैसे पा सकता हूँ ?''

अध्यापक ने उत्तर दिया, ''यह तो बहुत ही आसान है। उपन्यास और जीवनियाँ पढ़ो।'' इतना ही नहीं, उन्होंने अपने छात्र को अंग्रेजी में बहुत सारी किताबें भी लाकर दीं।

इस सलाह के अलावा वे शाम के समय उन छात्रों को अतिरिक्त समय में पढ़ाने लगे, जो अंग्रेजी भाषा का अच्छा ज्ञान पाना चाहते थे।। उन बच्चों ने लगभग दो माह में ही अपनी कमी को पूरा कर लिया और फिर अंग्रेजी उनके लिए परेशानी का कारण नहीं रही।

नन्हे कलाम ने पत्र लिखा

रेवरेंड फादर हॉस्टल में शाम के दौरे पर थे। कलाम चुपचाप और उदास बैठे दिखे।

"क्या बात है, कलाम?" उन्होंने पूछा।

"कुछ नहीं, सर।" कलाम अपने चेहरे पर मुसकान लाने में नाकामयाब रहे।

"मैं जानता हूँ कि तुम्हें क्या दु:ख है।" उन्होंने अपनी जेब से एक इनलैंड लैटर निकालकर देते हुए कहा, "अपने घर एक पत्र लिखो। मैं अपना राउंड पूरा करके आधे घंटे बाद तुमसे ले जाऊँगा।"

सिरदर्द की गोली

एक बार की बात है। नन्हे कलाम के कमरे में साथ रहनेवाले छात्र के सिर में तेज दर्द था।

"क्या हो गया?" उन्होंने पूछा।

"मेरे सिर में तेज दर्द है।" उनके मित्र ने कहा।

"अच्छा, मैं अभी क्लीनिक से दवा लाता हूँ।"

अभी वे जाने ही लगे थे कि अचानक उनके शिक्षक आ गए और पूछा, "सब ठीक है, कलाम?"

"जी सर, उसके सिर में दर्द है। दवा लेने जा रहा हूँ।"

"अरे, उसकी चिंता मत करो। ये लो एस्पिरिन की गोली दे दो। उसे अभी आराम मिल जाएगा।" शिक्षक ने उनसे कहा।

सफाई अधिकारी का दौरा

कलाम को शाम के खाली समय में घूमने का बहुत शौक था। वे अकसर अपने दोस्तों के साथ शहर की सैर पर निकल जाते। वे उस सैर

को 'सैनीटेशन इंस्पेक्शन राउंड' कहते थे। उनके एक दोस्त ने हैरानी से कहा, "कलाम, तुमने यह अलग सा नाम क्यों चुना?"

वे हँसकर बोले, "हम शहर की सड़कों पर दौरा करने जाते हैं कि सारी सड़कें साफ हैं या नहीं, तो इस तरह हम सफाई अधिकारी ही तो हुए।"

दोनों दोस्त दिल खोलकर हँसते रहे।

अच्छे अंक लाने की चिंता

एक प्रश्न हर छात्र को परेशान करता है कि वह सबसे अच्छे अंक कैसे पा सकता है? नन्हे कलाम भी यही राज जानना चाहते थे। उन्होंने अपने, चेन्नदुरै से इस बारे में पूछा तो वे बोले, "ज्यादा या कम समय तक पढ़ने से कोई असर नहीं होता। तुम्हें यह देखना है कि तुम क्या पढ़ते या अध्ययन करते हो। उसी से सारा अंतर पड़ता है। अगर तुम्हें लगता है कि बाजार से मिले रेडीमेड नोट्स पढ़ने से ही अच्छे अंक आ सकते हैं तो तुम गलत हो। तुम्हें संदर्भ पुस्तकों और पाठ्य पुस्तकों को पढ़ना चाहिए। पढ़ाई के आरंभिक दिनों और परीक्षा के दिनों में जितना हो सके, उतना पढ़ना चाहिए। किताबों से नोट्स बनाने चाहिए। इस तरह सारे बिंदु याद रखने में भी आसानी होगी।"

नन्हे कलाम ने हमेशा उनकी सलाह का पालन किया।

हीरो की पहचान

नन्हे कलाम ने अपनी पढ़ाई के दौरान देखा कि बहुत से भारतीयों ने अनेक क्षेत्रों में उल्लेखनीय सफलता प्राप्त की है, किंतु उन्हें उनके काम का पूरा श्रेय नहीं दिया जाता। वे इस विषय में बहुत विचार करते थे। उन्होंने टीपू सुल्तान का उदाहरण पेश किया। उनकी सेना तब से रॉकेटों का प्रयोग करती आ रही थी, जब अंग्रेज इस बारे में जानते तक नहीं थे।

पर कोई नहीं जानता कि रॉकेट का आविष्कार किसने किया, जो दुश्मनों पर कहर ढा देते हैं।

हालाँकि अंग्रेजों के पास विलियम कॉनग्रेव का सारा ब्योरा दर्ज है, जिन्होंने इस क्षेत्र में कार्य किया। उन्होंने टीपू सुल्तान की सेना को रॉकेट का प्रयोग करते देखा और अंग्रेजों के खिलाफ इसी तकनीक का प्रयोग किया। यह श्रेय विदेशियों की बजाय भारतीयों को दिया जाना चाहिए था।

नन्हे कलाम को लगता था कि भारतीय बहुत अधिक लिखते नहीं, इसलिए वे अपने श्रेय से भी वंचित रह जाते हैं। यही कारण है कि भारतीय इतिहास को उचित रूप से दर्ज नहीं किया गया।

□

युवा कलाम के जीवन से

हमने इस पुस्तक में आपको अभी तक नन्हे कलाम के जीवन के अनेक प्रसंग सुनाए हैं; परंतु अब आपको उनके जीवन के उस समय का एक प्रसंग सुनाना चाहते हैं, जब वे बड़े होकर परियोजना निदेशक बन गए थे। इस तरह आपको पता चलेगा कि वे अपने अधीन काम करनेवालों से कैसे पेश आते थे।

डॉ. कलाम के नेतृत्व में एक राष्ट्रीय महत्त्व की परियोजना पर लगभग 70 वैज्ञानिक काम कर रहे थे। कड़ी मेहनत के उस काम में कई माह का समय लगने वाला था, पर वे सभी अपना बेहतर देने के लिए प्रेरित थे। कई बार जब वे काम के बोझ से मायूस होते तो डॉ. कलाम का प्रेरणादायक नेतृत्व उन्हें आगे बढ़ने के लिए प्रेरित करता। उन लोगों को निर्धारित समय पर काम पूरा करने के लिए देर रात तक भी काम करना पड़ता। कई बार घर में पत्नी और बच्चों की माँगों पर भी ध्यान देना जरूरी हो जाता।

शहर में एक प्रदर्शनी थी और एक बालक जाना चाहता था। उसके पिता डॉ. कलाम के अधीन काम करनेवाले वैज्ञानिक थे। उसने अपने पिता पर दबाव डाला कि वे शाम को काम से जल्दी आकर उसे प्रदर्शनी दिखाने ले जाएँ। वैज्ञानिक ने साहस जुटाते हुए जल्दी जाने की इजाजत चाही। डॉ. कलाम ने अपने होंठों पर सदा सजी रहनेवाली मुसकान के

साथ उन्हें जाने की अनुमति दे दी।

पर क्या वह वैज्ञानिक जा सका? नहीं, वह वैज्ञानिक अपने काम में इतना मगन हुआ कि उसे अपने बच्चे से किया हुआ वादा निभाना याद ही नहीं रहा। जब उसने काम से सिर उठाकर घड़ी देखी तो पता चला कि रात के 8.30 बज गए थे। वह जानता था कि अब उसके सिर मुसीबत आने वाली थी। उसने अपने बॉस की ओर देखा, पर वे अपने स्थान पर नहीं थे। उसने उनसे जल्दी जाने की इजाजत तो ली थी, पर वह स्वयं ही जल्दी जाना भूल गया। उसने फटाफट सब समेटना आरंभ किया और केबिन बंद कर भारी कदमों से घर के लिए रवाना हो गया। वह जानता था कि घर में उसका स्वागत नहीं होगा। वह बालक का रुआँसा चेहरा देखने के लिए खुद को तैयार कर रहा था।

वह घर पहुँचा और कमरे में पत्नी के पास जा बैठा। वह इंतजार कर रहा था कि उसकी पत्नी उसे कुछ कड़े शब्द कहेगी। पर वह शांत भाव से बोली, ''क्या आप कॉफी लेंगे या खाना ही लगा दूँ?''

उस व्यक्ति ने हौले से कहा, ''अगर तुम साथ दो तो मैं कॉफी ही ले लूँगा। हमारा बेटा कहाँ है?''

उसकी पत्नी ने हैरानी से कहा, ''क्या तुम नहीं जानते? तुम्हारे मैनेजर ने आकर कहा कि तुम व्यस्त हो, इसलिए वह बच्चे को प्रदर्शनी घुमाने ले गए हैं।''

उस व्यक्ति के चेहरे पर छोटी सी मुसकान खेल गई। उसे अहसास हो गया था कि वास्तव में क्या हुआ होगा!

5 बजे के करीब डॉ. कलाम उसके केबिन में याद दिलाने गए थे कि उसे अपने बच्चे को घुमाने ले जाना है। जब उन्होंने भीतर देखा तो पता चला कि वह काम में मगन था। देखकर लग रहा था कि उसे अपने बच्चे को साथ ले जाना याद नहीं रहेगा। वे नहीं चाहते थे कि बच्चे से

किया गया वादा टूटे। वे स्वयं उस बच्चे को प्रदर्शनी दिखाने ले गए।

ऐसी ही और भी कई घटनाएँ घटी हैं, जिनसे आप अनुमान लगा सकते हैं कि डॉ. कलाम किस तरह के लोगों में से थे, जिन्हें हम इस पुस्तक में 'नन्हे कलाम' के नाम से संबोधित करते आए हैं।

□

संदर्भ ग्रंथ सूची

- द वेरी बेस्ट ऑफ ए.पी.जे. अब्दुल कलाम—द रायटेयस लाइफ, रूपा पब्लिकेशन, 2014।
- फॉरग योर फ्यूचर, ए.पी.जे. अब्दुल कलाम, राजपाल ऐंड संस, 2014।
- इंडिया 2020 : ए विजन फॉर द न्यू मिलेनियम, ए.पी.जे. अब्दुल कलाम और वाई.एस. राजन, पेंग्विन बुक्स इंडिया, 1998
- ए.पी.जे. अब्दुल कलाम : साइंटिस्ट ह्यूमेनिस्ट, अतुलिंद्र नाथ चतुर्वेदी, रूपा पब्लिकेशन इंडिया, 2002।
- सॉन्ग्स ऑफ लाइफ, ए.पी.जे. अब्दुल कलाम, ओशियन बुक्स, 2015।
- इग्नाइटेड माईंडस, ए.पी.जे. अब्दुल कलाम, पेंग्विन बुक्स इंडिया, 2010।
- द साइंटिफिक इंडियन, ए.पी.जे. अब्दुल कलाम और वाई.एस. राजन, पेंग्विन बुक्स इंडिया, 2010।
- विजडम ऑफ कलाम, प्रशांत गुप्ता, ओशियन बुक्स, 2012।
- यू आर बॉर्न टू ब्लसम : टेक माई जर्नी बियॉन्ड..., ए.पी.जे. अब्दुल कलाम और अरुण के. तिवारी, ओशियन पेपरबैक्स, 2015।
- यू आर यूनिक, ए.पी.जे. अब्दुल कलाम, पुण्या पब्लिशिंग, 2012।
- टर्निंग प्वॉइंटस : ए जर्नी थ्रू चैलेंजेस, ए.पी.जे. अब्दुल कलाम, हारपर कॉलिंस पब्लिशर्स इंडिया, 2012।
- स्प्रीट ऑफ इंडिया, ए.पी.जे. अब्दुल कलाम, राजपाल ऐंड संस, 2010।
- ए मेनिफेस्टो फॉर चेंज, ए.पी.जे. अब्दुल कलाम और वी. पोंराज, हारपर कॉलिंस पब्लिशर्स इंडिया, 2014।
- माई जर्नी : ट्रांसफॉर्मिंग ड्रीम्स इंटू एक्शनस, रूपा पब्लिकेशंस इंडिया, 2013।

- गर्वनेंस फॉर ग्रोथ इन इंडिया, ए.पी.जे. अब्दुल कलाम, रूपा पब्लिकेशंस इंडिया, 2014।
- द फैमिली ऐंड द नेशन, आचार्य महाप्रज्ञा ऐंड ए.पी.जे. अब्दुल कलाम, हारपर कॉलिंस पब्लिशर्स इंडिया, 2008।
- विंग्स ऑफ फायर : एन ऑटोबायोग्राफी ऑफ ए.पी.जे. अब्दुल कलाम, यूनिवर्सिटिज प्रेस, 1999।
- रिइग्नाइटेड : साइंटिफिक पाथवेज टू ए ब्राइटर फ्यूचर, पेंगवीन इंडिया, 2015।
- इंसपायरिंग थॉट्स (इंसपायरिंग थॉट्स क्वोटेशन सिरिज), राजपाल ऐंड संस, 2007।
- एडवांटेज इंडिया : फ्रोम चैलेंज टू अपॉरच्यूनिटी, हारपर कॉलिंस इंडिया, 2015।
- ट्रांसिडेंस माई स्प्रीचुअल एक्सपीरियंस वीद प्रमुख स्वामीजी, हारपर कॉलिंस इंडिया, 2015।
- बियॉन्ड 2020 : ए विजन फॉर टॉमोरोज इंडिया, विकिंग, 2014।
- माई इंडिया : नोट्स फॉर द फ्यूचर, पेंग्विन इंडिया, 2015।
- यू आर यूनिक : स्केल न्यू हाइट्स बाय थॉट्स ऐंड एक्शंस, पुण्या पब्लिशिंग प्रा. लि., 2012।
- मेरी जीवन यात्रा, प्रभात प्रकाशन, 2014।
- थॉट्स फॉर चेंज : वी कैन डू इट, पैंटागोन प्रेस, 2012।
- मिशन इंडिया : ए विजन फॉर इंडियन यूथ, पफिन बुक्स, 2005।
- गाइडिंग सोल्स, ओशियन बुक्स प्रा. लि., 2005।
- द ल्यूमिनियस स्पार्कस : ए बायोग्राफी इन वर्स ऐंड कर्लस, पुण्या पब्लिशिंग प्रा. लि., 2004।
- द फैमिली ऐंड द नेशन, हारपर कॉलिंस, 2014।
- एनविजनिंग एन एमपावरड नेशन : टेक्नोलोजी फॉर सोसाइटल ट्रांसफोरमेशन, टाटा मैकग्रॉ-हिल, 2003।
- विजयी भवः, प्रभात प्रकाशन, 2011।
- द साइंटिफिक इंडियन : ए टवेंटी-फर्स्ट सेंचुरी गाइड टू द वर्ल्ड अराउंड अस, पेंगवीन इंडिया, 2010।
- सुखी परिवार, समृद्ध राष्ट्र, प्रभात प्रकाशन, 2011।
- भारत 2020 और उसके बाद, प्रभात प्रकाशन, 2015।

- गवर्नेंस फॉर ग्रोथ इन इंडिया, रूपा पब्लिकेशंस इंडिया, 2014।
- मेरे सपनों का भारत, प्रभात प्रकाशन, 2013।
- माई लाइफ : एन इलस्ट्रेटेड ऑटोबायोग्राफी, रूपा पब्लिकेशंस इंडिया, 2015।
- ए मेनिफेस्टो फोर चेंज : ए सिक्वल टू इंडिया, हारपर कॉलिंस, 2014।
- मिशन इंडिया, पेंगवीन इंडिया, 2015।
- फैमिली ऐंड द नेशन, हारपर कॉलिंस इंडिया, 2008।
- जाग्रत् भारत, श्रेष्ठ भारत, प्रभात प्रकाशन, 2013।

वेबसाइट्स

1. www.abdulkalam.nic.in
2. www.brainyquote.com
3. www.successstory.com
4. www.firstpost.com
5. www.dailyo.in
6. www.youthconnect.in
7. www.indiatvnews.com
8. www.india.com
9. www.quora.com
10. www.lifehacker.co.in

□□□

* 9 7 8 9 3 5 1 8 6 9 6 0 3 *
FCW - #0201 - 061026 - C0 - 216/140/7 - PB - 9789351869603 - Matt Lamination